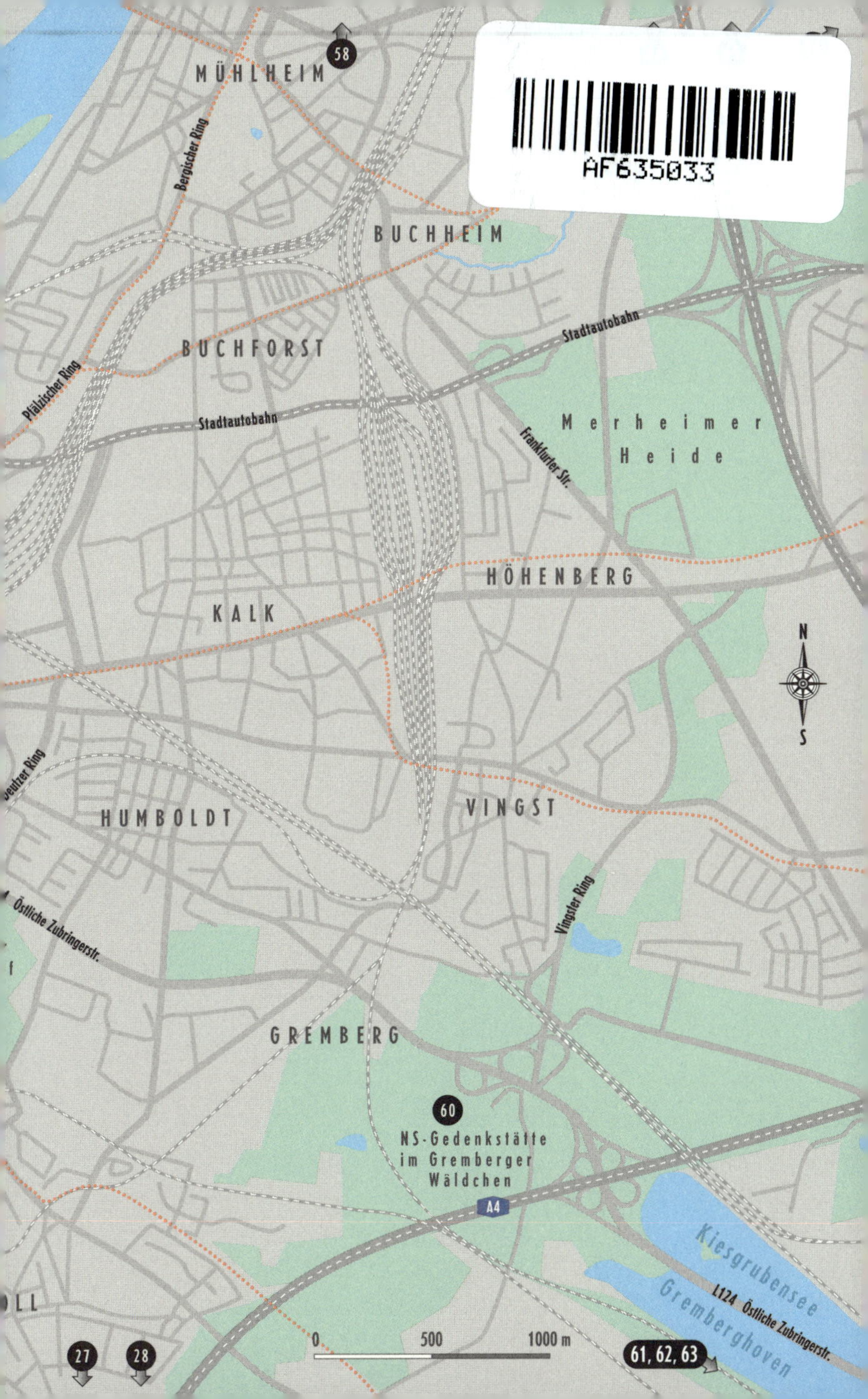
58
MÜHLHEIM
Bergischer Ring
BUCHHEIM
BUCHFORST
Stadtautobahn
Pfälzischer Ring
Stadtautobahn
Merheimer Heide
Frankfurter Str.
HÖHENBERG
KALK
N
S
HUMBOLDT
VINGST
Östliche Zubringerstr.
Vingster Ring
GREMBERG
60
NS-Gedenkstätte im Gremberger Wäldchen
A4
Kiesgrubensee Gremberghoven
L124 Östliche Zubringerstr.
0
500
1000 m
27
28
61, 62, 63

insel taschenbuch 4846

Barbara Driessen

Köln – Lieblingsorte

LIEBLINGSORTE

Insel

KÖLN

BARBARA DRIESSEN

MIT FOTOGRAFIEN DER AUTORIN

Bildnachweis

Archäologisches Institut der Universität Köln: Seite 44 (Museumsdienst Köln/ Foto: Philip Groß)
Christoph Driessen, Köln: 16, 34
Hohe Domkirche Köln, Dombauhütte: 18 (Foto: Matz und Schenk)
picture-alliance, Frankfurt am Main: 76 (Marius Becker/dpa), 120 (Oliver Berg/dpa), 42 (Rolf Vennenbernd/dpa)
Gerhard Richter, Köln: 21 (Südquerhausfenster nach einem Entwurf von Gerhard Richter, 2007/Foto: Christoph Driessen), 26 (*Ema (Akt auf einer Treppe)*, Gerhard Richter, 1966/Museum Ludwig)
Skulpturenpark Waldfrieden: 226 (*Points of View*, Tony Cragg, 2007/ © VG Bild-Kunst, Bonn 2021/Foto: Michael Richter)

Alle weiteren Fotografien stammen von der Autorin.

Erste Auflage 2021
insel taschenbuch 4846
Originalausgabe

Vertrieb durch den Suhrkamp Taschenbuch Verlag
Umschlaggestaltung und Layout: Marion Blomeyer, München
Illustrationen: Ryo Takemasa, Tokyo
Karten: Peter Palm, Berlin
Satz: Greiner & Reichel, Köln
Druck: CPI books GmbH, Leck
Printed in Germany
ISBN 978-3-458-68146-5

INHALTSVERZEICHNIS

Dom und Umgebung

1

STADTBAHNHALTESTELLE DOM / HBF

Der Präsentierteller

DOMPLATTE
DOMKLOSTER 4
50667 KÖLN

Die Domplatte ist ein 1970 errichtetes Fußgängerplateau, das die Menschen mit dem Dom auf eine Stufe stellte. Bis dahin hatte man einige Treppenstufen bis zum Hauptportal hinaufsteigen müssen. Nun begegneten sich Dom und Volk auf Augenhöhe. Viele Kleriker finden das bis heute keine gute Idee – sie kritisieren, dass dem Dom die Füße weggeschlagen worden seien. Andere haben ästhetische Einwände; sie monieren, der Dom sei zubetoniert und sehe nun aus wie auf einen Parkplatz verpflanzt.

Man kann der Platte allerdings zugutehalten, dass durch sie das Leben noch näher an den Dom herangerückt ist. Die Platte ist Kölns pulsierender Mittelpunkt,

Piazza, Präsentierteller. Hier treffen sich Gott und die Welt.

Klar, man könnte sich einen passenderen Bodenbelag vorstellen, man müsste an vielen Stellen mal aufräumen. Aber so ist Köln nun mal. Als uneingeschränkt schön galt die Stadt zuletzt im Spätmittelalter. Seitdem beklagten Reisende immer wieder Chaos, Schmutz und Stilbrüche. »Abreißen und neu bauen«, hieß es nicht selten. So fantasierte 1819 die Schriftstellerin Rahel Varnhagen von Ense: »Wenn man's abzeichnen und dann abbrechen und neu und bequem konstruieren könnte, so wär's ein Glück!« Neun Jahre später beschrieb Johanna Schopenhauer die »seltsame Zusammensetzung von Schön und Hässlich, von Alt und Neu«. Heute wird dieser schräge Mix meist auf die Bombardierungen des Zweiten Weltkriegs zurückgeführt, doch wie man sieht, ist die Klage viel älter. Die Stilbrüche waren schon immer das hervorstechende Merkmal der Bürgerstadt Köln, in der die ordnende Hand eines Fürsten fehlte.

Das Unperfekte und Provisorische hat aber auch einen Reiz. Es ist eine undeutsche Lässigkeit, die hier hervortritt und mitunter ins Schlampige kippt. Auf der Domplatte wird man sogleich mit dieser Wirklichkeit konfrontiert.

Auf der Südseite, wo die Platte offiziell Roncalliplatz heißt, kann man durch eine große Scheibe auf das Dionysos-Mosaik im Römisch-Germanischen Museum hinabschauen. Es ist ein römischer Fußboden aus 1,5 Millionen Steinen, spektakulär gut erhalten. Dionysos ist der griechische Gott des Weins, der Freude, der Fruchtbarkeit, des Wahnsinns und der Ekstase. Ein chaotischer Genießer sozusagen. Es ist schon bezeichnend, dass ausgerechnet er hier vor fast 2000 Jahren verewigt worden ist.

2

STADTBAHNHALTESTELLE DOM / HBF

Der Dom der Engel

KÖLNER DOM
DOMKLOSTER 4
50667 KÖLN
WWW.KOELNER-DOM.DE

Ganz egal, ob und was die Kölner glauben: Alle freuen sich, wenn sie aus dem Urlaub zurückkommen und zum ersten Mal wieder die Domspitzen sehen. Die Liebe zum Dom eint alle. Etwas anderes, das viele Kölner verbindet, sind die Engel im und am Dom. Engel spielen in vielen Religionen, etwa im Islam, eine wichtige Rolle, haben aber auch ihren Platz in der weltlichen Gesellschaft. Im Dom findet man sie fast überall: als kleine blaue geflügelte Seepferdchen auf dem »Altar der Stadtpatrone« von Stefan Lochner, als gefallene Himmelsboten im Skulpturenmagazin und als zwei Meter große Kalksteinfiguren hoch oben im Turm. Es gibt sie Flügel schla-

gend, Posaune spielend und Laute zupfend.

Im Französischen gibt es eine Wendung, *un ange passe* – ein Engel fliegt vorbei. Damit ist der Moment gemeint, in dem ein Gespräch plötzlich erstirbt und alles still ist. Man meint fast den Windhauch eines vorbeifliegenden Engels zu spüren.

Vor ein paar Jahren konnte man im Dom einen solchen Moment erleben. Das war während der Trauerfeier für die Opfer des Germanwings-Absturzes. 150 Insassen waren zu Tode gekommen, darunter Schülerinnen und Schüler auf dem Rückweg von einem Austausch in Spanien. Im Hohen Dom war es damals sehr still, trotz der 1400 versammelten Menschen. An jedem Platz lag ein kleiner Holzengel aus. »Menschen brauchen Engel«, sagte ein Notfallseelsorger. Und eine junge Frau, die durch den Absturz einen nahen Angehörigen verloren hatte, formulierte die Hoffnung, dass die verunglückten Familienmitglieder und Freunde jetzt ein neues Zuhause gefunden hätten. Das war der Augenblick, in dem man das Gefühl hatte, die Zeit würde stehen bleiben.

Als die Trauerfeier zu Ende war, traten die Menschen aus der Kathedrale nach draußen und wurden dort von der Sonne geblendet. Der Himmel war blau mit ein paar hauchzarten Schleierwolken. Es gibt einen Namen dafür: Engelshaar.

3

STADTBAHNHALTESTELLE DOM / HBF

Die Kölner Royals

Am 6. Januar zieht der Kölner Dom alle Register. Dann rumort es im Turm wie sonst nur an Weihnachten und Ostern. Die Glocken läuten, und es gibt Weihrauch bis zum Umfallen. Denn es ist eines der höchsten Feste der Katholiken: Heilige Drei Könige. Und ebendiese Royals aus dem Nahen Osten ruhen der Überlieferung zufolge in Köln am Rhein.

Der Kölner Dom ist sogar eigens für diese Könige gebaut worden. Im Mittelalter ging eine solche Faszination von den Reliquien aus, dass Köln zum größten Pilgerort nach Rom und Santiago de Compostela aufstieg. Auch heute ist die Magie nicht ganz verschwunden.

DER SCHREIN DER HEILIGEN DREI KÖNIGE
DOMKLOSTER 4
50667 KÖLN

Der goldene Schrein der Heiligen Drei Könige – der größte und wertvollste des ganzen Mittelalters – wird am 6. Januar für eine Woche geöffnet, das zieht Massen von Pilgern an. Hinter einem Gitter kann man dann die verschrumpelten Totenköpfe von Kaspar, Melchior und Balthasar erkennen. Eigentlich kein schöner Anblick. Ich mag sie lieber als Bestandteil der Weihnachtskrippen: Mit prachtvollen Kronen, Turbanen und exotischen Gewändern ausstaffiert, werden sie von Kamelen und mitunter sogar von Elefanten begleitet. Oftmals sind die Könige mit ihrem Gefolge die eigentlichen Hingucker. Sie stehlen Maria und Josef die Schau.

Viele Legenden umranken die »Weisen aus dem Morgenland«. Heiliggesprochen wurden sie nie. Dass es drei waren, wird nur davon abgeleitet, dass sie dem Jesuskind drei Geschenke mitgebracht haben sollen: Gold, Weihrauch und Myrrhe. Könige sind es wohl auch nicht gewesen: Diese Bezeichnung wird erst seit dem 5. Jahrhundert verwendet – vermutlich weil im Alten Testament prophezeit wird, dass der Messias, der Erlöser, von Königen beschenkt werden würde. Der einzige biblische Autor, der die Könige überhaupt erwähnt, der Evangelist Matthäus, nennt sie *magoi* – Sterndeuter.

Interessant ist natürlich die Frage, wie alt die Knochen sind, die im Kölner Schrein aufbewahrt werden. Sie wurden im Jahr 1164 als Kriegsbeute aus Mailand nach Köln geschafft. Wissenschaftlich untersucht wurden sie jedoch noch nie, nur die Stoffe, in die sie eingewickelt sind. Ergebnis: Es handelt sich um syrischen Damast, Purpur und Seide aus dem 2. oder 3. Jahrhundert nach Christus. Also immerhin aus der Antike, wenn auch nicht aus der Zeit von Jesus.

Ein Aspekt macht die Könige bis heute aktuell: Schon im Mittelalter wurden sie den drei damals bekannten Kontinenten Europa, Asien und Afrika zugeordnet. Sie repräsentieren damit alle Menschen der Welt. In einer Stadt wie Köln, in der Menschen aus über 180 Nationen mit mehr als 150 verschiedenen Religionen zusammenleben, sind sie damit immer noch goldrichtig.

4

STADTBAHNHALTESTELLE DOM / HBF

Das Fenster zum Himmel

DAS RICHTER-FENSTER
DOMKLOSTER 4
50667 KÖLN

Es kann zaubern, dieses Fenster. Zumindest wenn das richtige Wetter ist. Sagen wir mal, es ist bewölkt. Eintritt in den Dom, Durchschreiten des Mittelgangs. Blick nach rechts – da ist es. Kein Kirchenfenster, wie man es kennt, sondern abstrakt, zusammengesetzt aus vielen Farbquadraten. Und jetzt bricht die Sonne durch. Sofortige Verwandlung. Die Quadrate leuchten auf und übergießen das Innere der Kirche mit Rot, Gelb, Blau, Grün, Violett. Dann aber schiebt sich draußen plötzlich eine Wolke vor die Sonne. Ende der Vorstellung. Es ist ein Fenster zum Himmel, und zwar im doppelten Sinne. Zum einen wird es durch den Himmel verändert. Man kann an

dem Fenster die Tageszeit und die Wetterverhältnisse ablesen. Zum anderen sollen Domfenster immer auch eine Brücke zum transzendenten Himmel sein. Gott selbst bleibt zwar unsichtbar, doch es gibt etwas, das dem Menschen nach christlichem Verständnis zumindest eine Ahnung von ihm geben kann – das Licht. Es ist die Voraussetzung für alles Leben, es ist nicht stofflich, nicht greifbar, es kann Dunkles erstrahlen lassen und dadurch verwandeln. Die Kathedralenbauer des Mittelalters setzten deshalb auf die Schönheit des Lichts, sie schufen gleichsam eine Lichtarchitektur. Dafür legten sie ihre Kirchenbauten als Häuser aus Glas an. So auch den Kölner Dom: Seine Wände bestehen zum großen Teil aus Fenstern und haben fast keine tragende Funktion. Stattdessen geht der Dom an Krücken. Er wird gestützt von den äußeren Pfeilern, dem Strebewerk. Ohne sie würde er einstürzen. Dazu kommen die schlanken Säulen im Inneren.

Das Fenster aus den vielen Farbquadraten ist eine beliebte Touristenattraktion. Entworfen hat es der Kölner Ehrenbürger Gerhard Richter, der seit 1983 in der Stadt lebt. Seine Werke erzielen auf dem Kunstmarkt astronomische Preise.

Doch für sein meistbewundertes Werk muss man überhaupt nichts bezahlen. Das Fenster im Dom ist jeden Tag frei zu besichtigen. Selbst er, der ewig Zweifelnde, scheint dieses eine Mal zufrieden. »Herr Richter«, wurde er 2007 kurz vor der Einweihung gefragt, »wie ist das, vor Ihrem Fenster zu stehen?« Die Antwort kam ohne Zögern: »Das ist ein wunderschönes Gefühl.«

5

STADTBAHNHALTESTELLE DOM / HBF

Der dritte Turm

DER VIERUNGSTURM
DOMKLOSTER 4
50667 KÖLN

DIE FÜHRUNGEN ÜBERS DOMDACH:
WWW.DOMFUEHRUNGEN-KOELN.DE/DACH
GEBÜHR 15 EURO,
DAUER EINEINHALB STUNDEN

Barbara Schock-Werner, ehemalige Dombaumeisterin und eine Kölner Institution, hat eine schlechte Nachricht: »Der Aufzug ist kaputt.« Gemeint ist der Lastenaufzug des Doms, mit dem man zwar wackelig und rumpelnd, aber doch relativ bequem aufs Dach gelangen kann. Jetzt heißt es also laufen. Über eine enge steinerne Wendeltreppe geht es nach oben. Hin und wieder ein kleines Fensterchen, vor einem ein Vogelnest mit Eiern. Ganz schön anstrengend.

Wir treten ins Freie. Es ist wie in den Bergen: Vor uns ragt eine zerfurchte schwarze Steilwand auf – die Türme des Doms. Erst hier begreift man, wie massig und riesig sie wirklich sind.

Neben uns gähnt der Abgrund. Schwindelfrei muss man hier oben sein.

Jetzt geht es unter die Haube: Wir betreten den Dachstuhl des Doms. Der Umstand, dass die Konstruktion aus Eisen ist, bewahrte die Kathedrale während des Krieges trotz fortgesetzter Bombardierung vor der Zerstörung durch Feuer.

»Kommen Sie!«, sagt Schock-Werner, die 1999 als erste Frau in 750 Jahren in das Amt des Dombaumeisters berufen wurde, welches seit der Fertigstellung der Kathedrale 1880 eher das eines Instandhalters ist. Wir steigen noch eine Wendeltreppe hinauf, dann öffnet Frau Schock-Werner mit lautem Poltern eine Dachluke. Es ist, als würde die Himmelspforte aufgehen: Wir stehen auf dem Vierungsturm, dem dritten Turm des Doms, auch Dachreiter genannt, weil er wie auf einem Pferderücken auf dem Dach thront.

Es ist ein wolkenloser Spätsommertag. Das Gefühl, hier oben zu stehen, ist absolut unvergleichlich. Auf der Besucherplattform des Südturms ist man zwar noch deutlich höher, aber man sieht dann eben auch aus großer Distanz auf die Stadt hinab. »Hier auf 68 Metern sind die Stadt und das Rheintal um uns herum ausgebreitet«, sagt Frau Schock-Werner. »Wir werden davon geradezu umfangen, und das ist der schönere Blickpunkt.«

Sie hat hier oben schon mit Alice Schwarzer Champagner getrunken. Den Boxer Wladimir Klitschko hat sie an einem eiskalten Februartag hierher begleitet. Und beim Kölner G8-Gipfel führte sie 1999 den US-Präsidenten Bill Clinton und den britischen Premierminister Tony Blair durch den Dom. Es war spätabends nach dem Ende des offiziellen Programms. Sie erinnert sich: Vor dem Altar der Stadtpatrone von Stefan Lochner habe Clinton Tony Blair einen Kurzvortrag über niederländische und deutsche Malerei des 15. Jahrhunderts gehalten. »Es hat alles gestimmt. Unglaublich gebildet. Aber Tony Blair hatte schöne blaue Augen. Es gibt ein wunderbares Foto, wo ich Hand in Hand mit ihm stehe und ihm in die Augen sehe«, erzählt sie lachend. »Und dann kam noch dazu, dass ich am Hochaltar in die Höhe blickte und etwas erklärte und dabei die Balance verlor. Bill Clinton hat mich aufgefangen. Da gibt es eine Aufnahme, die mich in seinen Armen zeigt. Was hier natürlich zu zahllosen spöttischen Witzen geführt hat: Kaum haben wir eine Dombaumeisterin, wirft sie sich dem amerikanischen Präsidenten in die Arme.«

6

STADTBAHNHALTESTELLE DOM / HBF

Die schöne Ema und ihre Besucher

MUSEUM LUDWIG
HEINRICH-BÖLL-PLATZ
50667 KÖLN
DI-SO 10-18 UHR, 1. DO IM MONAT
BIS 2 UHR. EINTRITT 13 EURO,
ERMÄSSIGT 8,50 EURO
WWW.MUSEUM-LUDWIG.DE

Das Museum Ludwig ist eines der wichtigsten Museen für Moderne Kunst und steht direkt neben dem Kölner Dom. Architektonisches Markenzeichen des 1986 eröffneten Gebäudes ist sein gewelltes Zinkdach, das in der Abendsonne golden funkelt. Die Kollektion besteht großenteils aus Schenkungen des Schokoladen-Fabrikanten Peter Ludwig (1925-1996) und seiner Frau Irene (1927-2010). Schwerpunkte sind Pop Art, russischer Konstruktivismus und Werke des deutschen Expressionismus.

Das bekannteste Bild des Museums ist *Ema (Akt auf einer Treppe)* von Gerhard Richter. Es zeigt eine lebensgroße, nackte Frau,

die scheinbar schlafwandlerisch eine Treppe hinuntergeht.
Panzerglas schützt das Millionenobjekt, seit es 1981 Ziel eines Anschlags geworden ist. In einem unbeobachteten Moment hatte ein Unbekannter dem Bild mit einem Messer oder einem anderen spitzen Gegenstand einen 20 Zentimeter langen Schnitt zugefügt. Seit je hat *Ema* nicht nur Bewunderung, sondern auch Aggressionen hervorgerufen. Eine schöne, nackte, noch dazu blonde Frau realistisch zu malen, das war in den 1960er Jahren nahezu reaktionär.
Zusätzlich interessant wird die geheimnisvolle Nackte dadurch, dass sie kein beliebiges Modell ist, sondern Richters erste Frau Marianne Eufinger, genannt Ema. Zum Entstehungszeitpunkt des Bildes im Mai 1966 war Ema gerade im zweiten Monat schwanger. Die Modedesignerin und der Künstler aus Dresden heirateten 1957 und setzten sich vier Jahre später in den Westen ab, wo er ein Studium an der Kunstakademie in Düsseldorf begann. 1982 folgte die Scheidung.
Ein so intimes Bild wie *Ema* hat Richter selten gemalt. Doch obwohl Ema direkt auf den Betrachter zugeht, erscheint sie nicht bloßgestellt, sondern wie hinter einem schützenden Schleier verborgen. Diesen Effekt erreicht Richter durch die Technik des Verwischens, bei der mit einem noch trockenen Pinsel über die nasse Farbe gestrichen wird. Dafür müssen der richtige Zeitpunkt abgepasst werden und der richtige Druck auf den Pinsel ausgeübt werden. Dank dieser Unschärfe wirkt *Ema* wie eine Traumgestalt, die sich zwar nähert, aber unerreichbar bleibt. Eine Reproduktion kann diese Atmosphäre nicht vermitteln.
Für dieses Buch haben wir Gerhard Richter gefragt, was eigentlich sein Lieblingsort in Köln ist. »Nicht so einfach«, meinte er. Aber dann kam die Antwort doch ziemlich schnell: »Die Gegend um den Dom, da gehe ich ganz gern hin. Und die Kirchen in Köln, die sind auch sehenswert.«

Innenstadt

7

STADTBAHNHALTESTELLE RATHAUS

Der Turmbläser

RATHAUSTURM
RATHAUSPLATZ
50667 KÖLN

»Porno-Posse am Ratsturm«, titelte ein Kölner Boulevardblatt vor einigen Jahren. Ein Politiker hatte bemerkt, was in einigen Metern Höhe am Turm des ältesten deutschen Rathauses hängt: die Steinskulptur eines Mannes mit entblößtem Hinterteil, der die bemerkenswerte akrobatische Leistung vollbringt, sich vornüberzubeugen und zwischen seinen Beinen am eigenen Geschlechtsteil zu saugen. Ein Turmbläser der etwas anderen Art.

Der Kölner Rathausturm ist ein Schmuckstück. Er wurde Anfang des 15. Jahrhunderts erbaut und ist von den mächtigen Glockentürmen flämischer Rathäuser etwa in Brügge, Gent und

Ypern beeinflusst. Sie heißen Belfriede. 1945 war der Rathausturm nur noch ein Stumpf, ein hohler Zahn, der in den Himmel ragte. Doch dann wurde er, ebenso wie die romanischen Kirchen, mit großer Sorgfalt und wohl schöner als je zuvor wiederaufgebaut. Das Besondere an dem Turm ist, dass er die ganze Kölner Geschichte anhand herausragender Persönlichkeiten nacherzählt. Diese 124 Männer und Frauen sind als Steinfiguren auf unterschiedlichen Ebenen an der Außenfassade des Turms angeordnet. Zu ihnen gehören die in Köln geborene römische Kaiserin Agrippina – eine eiskalte Mörderin –, der Maler Peter Paul Rubens, der als Flüchtlingskind einen Teil seiner Kindheit hier verbrachte, und der Philosoph Karl Marx, der im Revolutionsjahr 1848 in der liberalen Rheinmetropole als Journalist tätig war.

An der Unterseite der Denkmäler dieser stadtgeschichtlichen Größen befinden sich oft kleinere Figuren, die sich wie ein ironischer Kommentar dazu lesen lassen. Einer davon ist besagter Akrobat. Ihn entdeckt man in der »zweiten Etage« unter dem Standbild des mittelalterlichen Erzbischofs Konrad von Hochstaden (1200-1261). Von Hochstaden gilt als der schillerndste aller Kölner Kirchenfürsten. Er überwarf sich mit den Bürgern der Stadt und ließ sie vom Rhein aus mit Wurfmaschinen beschießen und brennende Schiffe gegen die im Hafen vor Anker liegenden Kauffahrer treiben.

Bedeutet die Figur zu seinen Füßen vielleicht, dass die Eminenz nicht gar so keusch war, wie sie es von Amts wegen sein sollte? Eher nicht, denn über das Liebesleben dieses lang verblichenen Herrn aus der Ritterzeit ist nichts bekannt. Außerdem ist die Hochstaden-Figur erst ein paar Jahrzehnte alt. Das gymnastisch geschulte Männchen stammt dagegen wirklich aus dem Mittelalter. Am Turm selbst befindet sich eine Kopie, das Original von etwa 1410 wird im Inneren aufbewahrt. Es datiert damit genau aus der Erbauungszeit des Turms. Es war ein damals durchaus gängiges Motiv. Die Botschaft könnte man in etwa übersetzen mit: Fuck you, Obrigkeit! Erstaunlich ist, dass eine solche Fundamentalopposition im Zentrum der Macht geduldet wurde. Doch galt es eben nur für die Unterseite, die dunklen Ecken – der Platz auf dem Sockel war stets positiv besetzten Figuren wie Heiligen vorbehalten. Es ist ein bisschen wie mit dem Karneval: Da steht die Welt kopf, kann sich ausleben, aber eben nur ein paar Tage. Danach tanzen alle wieder in der Reihe.

8

STADTBAHNHALTESTELLE RATHAUS

Parallelwelt im Untergrund

MIQUA JÜDISCHES MUSEUM
RATHAUSPLATZ
50667 KÖLN
WWW.MIQUA.BLOG

Früher oder später rennt man mitten im Zentrum vor dem historischen Rathaus gegen eine Baustelle an. Was ist hier los?
Zu Beginn dieses Jahrtausends wurde hier ein Schatz gefunden: das Judenviertel. Komplett mit Tanzhaus, Hospital, Bäckerei und Synagoge. Alles aus dem Mittelalter. Eine Stadt in der Stadt, eine Miniaturwelt zusammengedrängter Häuser. Natürlich braucht man etwas Fantasie, um sich vorzustellen, wie das Ganze einmal ausgesehen hat. Doch Experten aus dem In- und Ausland sind sich einig: Das ist weltweit einmalig.
Keine andere deutsche Stadt hat solch eine lange jüdische Tradition. Seit dem Jahr 321 ist eine jü-

dische Gemeinde in Köln dokumentiert, die älteste nördlich der Alpen. 1349 wurde das Viertel zerstört; seine Bewohner wurden ermordet oder vertrieben. Die Juden galten damals als Schuldige für den Ausbruch der Pest.

Derzeit wird die Fundstätte auf dem Rathausplatz mit einem Museum überbaut. Es entsteht eine Parallelwelt im Untergrund: Auf einem 600 Meter langen Parcours kann man das Leben im Judenviertel zur Zeit der Ritter und Minnesänger nacherleben – und außerdem den schon in den 1950er Jahren wiederentdeckten Statthalterpalast aus der Römerzeit. Nach dem jüdischen Ritualbad, Mikwe, wird das Museum MiQua genannt.

Zu den Exponaten werden viele Artefakte gehören, die bei den Ausgrabungen gefunden wurden. Darunter sind ein halbmondförmiger, edelsteinbesetzter Goldohrring aus dem 11. Jahrhundert und eine aus dem Mittelalter stammende Tafel mit der Aufschrift »yt in ys neyt anders«. Man könnte das übersetzen mit: »Et is wie et is« (Es ist wie es ist) – eine klassische Kölner Spruchweisheit.

Die Eröffnung des Museums ist für 2025 geplant. Aber durch die Panoramafenster im dritten Stock des ebenfalls am Rathausplatz gelegenen Wallraf-Richartz-Museums kann man den Fortgang der Bauarbeiten verfolgen.

9

STADTBAHNHALTESTELLE RATHAUS

Rembrandts Comedy-Seite

WALLRAF-RICHARTZ-MUSEUM
OBENMARSPFORTEN 40
50667 KÖLN
DI-SO 10-18 UHR, 1. UND 3. DO IM MONAT
BIS 22 UHR. EINTRITT 8 EURO,
ERMÄSSIGT 4,50 EURO
WWW.WALLRAF.MUSEUM

Es ist schon irgendwie sehr passend, dass die Karneval- und Comedy-Kapitale Köln das einzige Selbstbildnis von Rembrandt besitzt, auf dem er lacht. Und wie er lacht! Er amüsiert sich königlich, denn er stellt sich auf dem Bild in der Rolle des griechischen Malers Zeuxis dar, der sich zu Tode gelacht haben soll, als er das Bildnis einer komischen Alten in einem Tempel sah. Durch Rembrandts suggestiven Malstil mit schnellem Pinselstrich mutet dieses Bild ungeheuer modern an. Kaum zu glauben, dass es fast 400 Jahre alt ist.

Zeitgenössische Kritiker haben Rembrandt vorgeworfen, viel zu viele komische alte Frauen gemalt zu haben. Der Poet Andries

Pels bezeichnete ihn als den »ersten Ketzer der Malerei«, der alle Spielregeln missachtet habe. Seine Frauen sähen nicht aus wie Göttinnen, bemängelte er, sondern wie Waschweiber: »Schlaffe Brüste, unförmige Hände, ja die Spuren der Gürtelbänder der Röcke am Bauche und der Strumpfbänder an den Beinen mussten sichtbar werden.« Was Rembrandt von solchen Kritikern hielt, machte er in einer Karikatur deutlich: Darauf trägt einer der vermeintlichen Kunstexperten Eselsohren, und der Künstler selbst wischt sich den Hintern ab.

Das Rembrandt-Bild ist einer der Höhepunkte »im Wallraf«, einem der großen deutschen Museen für alte Kunst. Der Name und der Grundstock der Kollektion gehen auf den Sammler Ferdinand Franz Wallraf (1748-1824) zurück. Als Köln 1794 von Frankreich erobert wurde und die Pariser Revolutionsregierung die katholische Kirche in der Domstadt enteignete, kamen gewaltige Mengen Kunst auf den Markt. Wallraf griff zu und kaufte insgesamt 40 000 Objekte auf, vom versteinerten Vogelnest bis zum Rubens-Gemälde. Wie ein Drache sitze er auf seinen Schätzen, fand Goethe, der ihn bewunderte, aber auch kritisierte: »Der chaotische Zustand ist nicht denkbar, in welchem die kostbaren Gegenstände der Natur, Kunst und des Altertums übereinander stehen, liegen, hängen und sich durcheinander umhertreiben.«

Goethe regte an, die Kollektion in »Abtheilungen« geordnet in einem Museum auszustellen – und so ist es dann auch gekommen.

10

STADTBAHNHALTESTELLE RATHAUS

Führen Sie Glatzen ohne Haare?

KOSTÜMHAUS DEITERS
GÜRZENICHSTRASSE 25
50667 KÖLN
WWW.DEITERS.DE

Es ist mit das Erste, was Zugezogenen in Köln auffällt: Die vielen Kostümgeschäfte haben nicht nur vor Karneval geöffnet, sondern ganzjährig. Der Rheinländer nutzt nämlich auch viele andere Gelegenheiten zum Verkleiden. Dazu gehören Beachclub-Partys, Oktoberfeste, Halloween und Nikolausfeiern. Fast jeder, der längere Zeit in Köln wohnt, sammelt kisten-, schrank- oder zimmerweise Verkleidungen an.
Das Verkleiden ist eine ernste Angelegenheit. Im Geschäft wird jedenfalls selten gelacht. Und trotz des riesigen Sortiments findet man nicht immer gleich, was man sucht. Hier eine Begebenheit aus einem Kostümhaus in der Kölner Innenstadt:

Der Kunde betritt den Laden und fragt nach Vampirzähnen. Die Verkäuferin ruft nach hinten: »Ingo, kommst du mal! Der Herr sucht Vampirzähne.« Ingo schlurft heran. Es entspinnt sich folgender Dialog:
Ingo: »Wir haben einzelne Zähne und ganze Brücken. Die muss man mit Klebemasse einsetzen.«
Kunde: »Klebemasse?«
Ingo: »Zweikomponentensilikon. Hatten Sie mal eine Zahnspange?«
Kunde: »Wieso?«
Ingo: »Wenn man die bekommt, hat man doch auch den Mund voll mit so einer Abdruckmasse. So ähnlich ist es.«
Kunde: »Das kann nicht angenehm sein.«
Ingo: »Es ist gewöhnungsbedürftig. Aber dafür im Ergebnis sehr natürlich.«
Die Kostüme sind nach Fachabteilungen geordnet. Erbittet der Kunde zum Beispiel eine Glatze, kann es sein, dass er zu Regalen mit Monsterköpfen und abgeschlagenen Händen geführt wird und dann eine ziemlich eklige Glatze mit verfilztem Haaransatz gereicht bekommt. Fragt er daraufhin, ob das Geschäft auch Glatzen ohne Haare führe, kann es sein, dass er die Antwort erhält: »Ja, aber die sehen nicht besonders echt aus. Ganz ohne Haare ist außerdem eine ganz andere Abteilung. Das fällt unter Scherzartikel.« Merke: Glatzen ohne Haare sind Scherzarti-

kel, Glatzen mit Haaren Schreckartikel.
Unter echten Kölner Jecken sind gekaufte Kostüme übrigens verpönt. Undenkbar, in einem gekauften Kostüm – Jargon: »Fabrikware« – in einem der Karnevalszüge mitzulaufen. Es muss selbst gemacht sein. Wobei hier für Neu-Kölner schon das nächste Fettnäpfchen lauert. Merke: Leute, die schon länger in der Stadt wohnen – von gebürtigen Kölnern ganz zu schweigen –, haben völlig andere Vorstellungen von dem Aufwand, der zur Herstellung eines akzeptablen Kostüms erforderlich ist. Wenn im Sommer das Thermometer steigt, sitzen sie bereits auf der Terrasse und schneidern für die nächste Session.

11

STADTBAHNHALTESTELLE HEUMARKT

Wo die Darsteller am Stock gehen

HÄNNESCHEN THEATER
EISENMARKT 2-4
50667 KÖLN
WWW.HAENNESCHEN.DE

Man kennt das Phänomen, dass Leute vor Shops campieren, wenn dort am nächsten Morgen ein neues Smartphone verkauft wird. Bei Puppentheatern hat man das eher noch nicht gehört. In Köln schon ... Wenn der Vorverkauf für die Karnevalsstücke des Hänneschen Theaters beginnt, reiht sich Campingzelt an Campingzelt, Männer und Frauen sitzen auf Klappstühlen in der Sonne und spielen Karten – und warten darauf, dass die Kasse eröffnet wird.

Drinnen wird gerade geprobt. Geräuschlos öffnet sich der Vorhang. Ein Kinderzimmer ist zu sehen, in dem Barbie, Sandmännchen, das Polizeiauto und Pokémon geisterhaft herumschweben.

Das Hänneschen Theater – offiziell: die Puppenspiele der Stadt Köln – mag über 200 Jahre alt sein, aber es geht mit der Zeit. Alle Stücke sind auf Kölsch.

Der Auftrag des Theaters ist es, die kölsche Sprache lebendig zu halten. Eine Theaterpädagogin bereitet die Schulklassen auf den Besuch vor. Kinder, die noch nicht so gut Deutsch sprechen, sind oft besonders fasziniert: Die Sprache ist hier eben nicht ausschlaggebend, und die anderen verstehen auch nicht viel mehr. Stattdessen lassen sie sich von den Bildern und der Musik gefangen nehmen.

Sprechen, musizieren und Geräusche machen – all das ist im Hänneschen live, während es bei vielen anderen Figurentheatern vom Band kommt. Einstellungsvoraussetzung ist, dass man Kölsch spricht und nicht größer ist als 1,78 Meter. Denn sonst ragt der Kopf in den Bühnenraum. Die Helden des Hänneschen Theaters sind Stockpuppen, die von unten an Stäben geführt werden. Insgesamt 15 Spieler beschäftigt die städtische Bühne, die damit zu den größten Puppentheatern Deutschlands gehört. Die Spieler erwecken die Darsteller zum Leben – sobald sie sie aus der Hand legen, entweicht es. Hänneschen, Bärbelchen und die anderen festen Charaktere existieren nur für die Dauer der Vorstellung – und in der Fantasie der Zuschauer.

12

STADTBAHNHALTESTELLE NEUMARKT

Der kleine Reiter

Ein Reiter auf einem Pferdchen mit Rädern. Durch das Pferdemaul ist ein Loch gebohrt, an dem man die Ziehschnur befestigen kann. Das Unglaubliche: Dieses Spielzeug im Römisch-Germanischen Museum stammt aus dem 1. bis 3. Jahrhundert und wurde in Köln gefunden. Die Räder sind noch die originalen, die Achsen wurden später hinzugefügt.

Ursprünglich waren Pferd und Reiter bemalt. In das Pferdchen sind Buchstaben eingeritzt: ROX und TANS. Das könne man wohl zu Roxtanus ergänzen, einem keltischen Namen, erklärt Kathrin Jaschke vom Kölner Museumsdienst. »Wenn das Pferdchen einem Roxtanus gehörte,

RÖMISCH-GERMANISCHES MUSEUM
CÄCILIENSTRASSE 46
50667 KÖLN
MI-MO 10-18 UHR, EINTRITT 6 EURO, ERMÄSSIGT 3 EURO
WWW.ROEMISCH-GERMANISCHES-MUSEUM.DE

dann muss der Käufer die Einritzung des Namens schon früh mit dem Töpfer abgesprochen haben, und wir haben hier kein Spielzeug von der Stange«, sagt sie. Roxtanus könnte allerdings auch der Name des Pferdes sein. »Wir wissen von bekannten Rennpferden, dass sie oft sprechende Namen hatten.«

War das Spielzeug vielleicht ein Geburtstagsgeschenk? Das lässt sich nicht sagen, aber gefeiert haben die Römer Geburtstage schon. Auch ob es einem Jungen oder einem Mädchen gehörte, wissen wir nicht. Dieses eine Stück illustriert jedoch, welch eine Schatzkammer das Römisch-Germanische Museum ist. Köln steht auf den Trümmern einer römischen Großstadt, so dass man hier kaum einen Spatenstich tun kann, ohne auf Relikte dieser untergegangenen Zivilisation zu stoßen. 1967 gruben Jugendliche in der Südstadt das monumentale Grabmal des Legionärs Lucius Poblicius aus, heute eines der Top-Stücke des Museums. Zurzeit wird der Museumsbau direkt neben dem Dom saniert, und im Ausweichquartier im Belgischen Haus kann nur ein Teil der Dauerausstellung gezeigt werden. Das Ziehpferdchen ist nicht durchgängig mit dabei, römisches Kinderspielzeug ist aber immer zu sehen, ob es nun ein Mühlespiel ist oder Spielsteine aus Glas oder Knochen.

13

STADTBAHNHALTESTELLE NEUMARKT

Hier schrieb Heinrich Böll

DAS ARBEITSZIMMER VON HEINRICH BÖLL
JOSEF-HAUBRICH-HOF 1
50667 KÖLN
MO-FR 10-18 UHR, SA 10-15 UHR,
SO 13-18 UHR

Kaum einer kennt es: das Arbeitszimmer des Literaturnobelpreisträgers Heinrich Böll im zweiten Stock der Kölner Stadtbibliothek. Wahrscheinlich wird diese faszinierende Zeitkapsel deshalb so oft übersehen, weil sie so unscheinbar ist. Die Möbel sind schlicht: Ein morsches Bambusbett steht in der Ecke, über dem Schreibtischstuhl liegt ein Lammfell. Davor ein graubeiges Telefon mit Wählscheibe, ein Aschenbecher und ein knallorangen Stiftehalter. Und hundert andere Kleinigkeiten, die von einem arbeitsamen Menschen zeugen, aber in keiner Weise auf Repräsentation oder Selbstinszenierung ausgerichtet sind. So spiegelt das verlassene Zim-

mer noch immer den Charakter des »guten Menschen von Köln«, der Konsumgesellschaft und Autoverkehr schon Jahrzehnte vor ›Fridays for future‹ ablehnte.
Dieser so gar nicht gemütliche oder spaßige Rheinländer wurde 1917 in der Kölner Südstadt geboren, das Haus an der Ecke Teutoburger/Alteburger Straße erinnert mit einer Inschrift in der gläsernen Eingangstür an ihn. Böll war in der Nachkriegszeit die Verkörperung des »anderen Deutschlands«. Mitte der 70er Jahre wählten ihn führende Meinungsmacher in einer Umfrage zur einflussreichsten westdeutschen Persönlichkeit nach Bundeskanzler Helmut Schmidt, dem SPD-Vorsitzenden Willy Brandt und CSU-Chef Franz Josef Strauß. Jeder kannte das verwelkte Gesicht mit den hängenden Wangen, dem meist etwas geöffneten Mund und den melancholischen Augen. Zehn Jahre nach seinem Tod am 16. Juli 1985 sagte Hans Magnus Enzensberger: »Wir haben Böll verloren. Aber dafür haben wir Amnesty und Greenpeace.« Die Rolle solcher Organisationen füllte Böll in den ersten Jahrzehnten der Bundesrepublik ganz allein aus.
Wenn ausländische Freunde Heinrich Böll in Köln besuchten, erwartete sie ein straffes Besichtigungsprogramm. Man kann es als Köln-Tourist bis heute wiederholen, allerdings benötigt man dafür Durchhaltever-

mögen. Der Schriftsteller führte seine Gäste zunächst in die romanischen Kirchen: St. Maria im Kapitol, St. Georg, St. Severin, St. Gereon, St. Ursula, St. Kunibert … Anschließend ging es zum römischen Statthalterpalast, dann erst war der Dom dran, denn den mochte Böll nicht: Ihn störten die Türme. Es folgten zwei Museen: das Römisch-Germanische und Wallraf-Richartz. Während eines anschließenden Spaziergangs am Rhein referierte Böll in tiefer Kettenraucher-Stimme über Köln als Brückenstadt. In Anbetracht der nahen Altstadt-Restaurants hielt er es nun vielleicht für angebracht, einen Imbiss einzunehmen. Aber nur vielleicht – denn eigentlich wäre es doch viel lohnenswerter, noch weitere romanische Kirchen zu sehen.

Danach ging es dann zurück in sein Arbeitszimmer. Hier Eintritt zu erhalten, davon träumten damals viele. Romy Schneider kam mal zu Besuch – hochgradig nervös, jedenfalls am Anfang. Dann merkte sie, wie nett Heinrich Böll war.

Jetzt fristet das Zimmer so etwas wie ein Schattendasein. Dabei ist es einen Abstecher allemal wert.

14

STADTBAHNHALTESTELLE NEUMARKT

Kurztrip nach Indonesien

RAUTENSTRAUCH-JOEST-MUSEUM
CÄCILIENSTRASSE 29-33
50667 KÖLN
DI-SA 10-18 UHR, DO 10-20 UHR
EINTRITT 7 EURO, ERMÄSSIGT 4,50 EURO
WWW.RAUTENSTRAUCH-JOEST-MUSEUM.DE

Lust auf Indonesien? Dann ab ins Rautenstrauch-Joest-Museum! Im Foyer geht es gleich los: Da steht der riesige Reisspeicher eines vermögenden Adligen von der Insel Sulawesi. Er sieht aus wie ein hochgetürmtes, schlankes Schiff; seine Schnitzereien erzählen vom Leben und vom Tod, von der Natur und vom Meer. Und natürlich vom Reis. Wer Reis hatte, hatte die Macht. Ein paar Schritte nur und der Besucher steht vor einem Gamelan-Orchester aus Java: Gongs, Becken, Trommeln und andere fremdartige Instrumente, alle aus Bronze. Museumsgründer Wilhelm Joest, ein Kölner Multimillionär und Abenteurer, notierte 1879 während eines Be-

suchs bei einem javanischen Prinzen, er könne diesen Klängen stundenlang zuhören: »Dieses Schläfrige, Wiegende, Träumerische – wie Sphärenmusik.« Das Museum bietet sogar Kurse an, um das Gamelan-Spiel zu lernen.

Genauso kann man in dem verklinkerten Bau am Kölner Neumarkt in die Kulturen Amerikas, Afrikas, des Orients oder der Südsee eintauchen. Wilhelm Joest war zu Zeiten Kaiser Wilhelms mit Tropenhelm und Moskitonetz in der ganzen Welt unterwegs und kam immer mit Kisten und Koffern voller Reiseandenken zurück. 1897 starb er mit 45 Jahren im Südpazifik an Tropenfieber.

Viele Jahrzehnte wurden Joests Klaubereien mit der typischen Mischung aus Sammlerstolz, Überlegenheitsgefühl und Fernweh begutachtet, die für Völkerkunde typisch war. Zu Beginn des 21. Jahrhunderts ging Köln dann daran, das Ganze neu zu bewerten. Seit der Wiedereröffnung 2010 wird die Sammlung nicht mehr als Reise um die Welt präsentiert, sondern nach Themen geordnet. Der Besucher erlebt, wie unterschiedlich man wohnen, leben, lieben, beten und begraben werden kann.

Ein besonders faszinierendes Ausstellungsstück ist ein Schrank mit Schubladen von A bis Z. Wenn man sie aufzieht, findet man zu jedem Buchstaben etwas anderes, das die Deutschen einst aus anderen Kulturen importiert haben. Bei A ist es der von den Eskimos übernommene Anorak, unter Z kommen arabische Ziffern zum Vorschein.

15

STADTBAHNHALTESTELLE NEUMARKT

Gedankenkämme und Transgender-Heilige

MUSEUM SCHNÜTGEN
CÄCILIENSTRASSE 29-33
50667 KÖLN
DI-SO 10-18 UHR, DO BIS 20 UHR
EINTRITT 6 EURO, ERMÄSSIGT 3,50 EURO
WWW.MUSEUM-SCHNUETGEN.DE

Das Museum Schnütgen hat ein Problem: Sein Name, abgeleitet vom Sammlungsstifter Alexander Schnütgen, klingt irgendwie provinziell. Dabei verbirgt sich dahinter eines der bedeutendsten Museen für mittelalterliche Kunst. Es spielt in einer Liga mit den Cloisters in New York oder dem Musée national du Moyen Âge in Paris. Köln gehörte ungefähr vom Jahr 1000 bis etwa 1550 zu den großen Kunstzentren Europas. Zwar gab es hier keinen Albrecht Dürer oder Leonardo da Vinci, aber es entstanden Werke, die heute in den großen Sammlungen in aller Welt verstreut sind. Wobei manches Wunderbare eben am Entstehungsort Köln geblieben ist. Auch archi-

tektonisch ist das Museum interessant: Eine der großen romanischen Kirchen, St. Cäcilien, ist in den Komplex integriert.

Das Schnütgen verfügt über absolute Top-Stücke, darunter einen 1000 Jahre alten Jesus am Kreuz, der aussieht, als wäre er vor 100 Jahren von dem Expressionisten Ernst Barlach geschnitzt worden. Zeitlos schön die Glasmalereien aus den Kreuzgängen rheinischer Klöster: Da sieht man jede Träne, jede Hautfalte. Der Kreuzgang war der soziale Mittelpunkt des Klosters, Prozessionen und Bestattungen fanden dort statt, aber es lagen auch bemalte Buchseiten zum Trocknen aus, und die Mönche ließen sich die Haare schneiden. All das geschah vor der Kulisse strahlender Bildergeschichten, die in den Fenstern den kalten Wind abhalten sollten: Man könnte fast von Comics auf Glas sprechen.

Überhaupt hatte das Mittelalter schon eine Vorliebe für *special effects*: So gab es Jesusfiguren, die man ganz nach oben an die Kirchendecke ziehen konnte, um sie dann durch ein sogenanntes Himmelsloch entschwinden zu lassen. Dazu regnete es Hostien und Blütenblätter. Faszinierend modern ist die heilige Wilgefortis, die sich zum Schutz gegen männliche Übergriffe einen üppigen Bart wachsen ließ – eine echte Transgender-Heilige.

Extrem filigran sind die Heiligenfiguren, die winzig klein aus Obstkernen geschnitzt wurden. Und dann das Tischsargerl – eine Leiche, die gerade von Ungeziefer zerfressen wird. So was hatten Machtmenschen früher auf dem Schreibtisch stehen, damit sie gar nicht erst größenwahnsinnig werden konnten. Das Beste aber ist vielleicht ein 1100 Jahre alter Elfenbeinkamm aus der Abtei St. Heribert in Deutz. Ein sehr besonderer Kamm: Priester strichen sich damit vor der Messe über den Kopf – nicht, um die Haare in Form zu bringen, sondern um ihre Gedanken zu ordnen.

16

STADTBAHNHALTESTELLE NEUMARKT

Der FC-Schrein in der Bretagne

FC-FANSHOP
SCHILDERGASSE 60-68
(VIERTE ETAGE BEI C&A)
50667 KÖLN

Es ist vielleicht nicht besonders originell, den FC-Shop in der Schildergasse als Lieblingsort zu empfehlen. Doch ich verbinde damit die schönste Köln-Geschichte, die ich kenne.

Im Kindergarten hatte unser jüngster Sohn Lennart einen sehr guten, ebenfalls in Köln geborenen Freund namens Erwann. Seine Eltern sind Franzosen. Erwann beherrschte beide Sprachen gleichermaßen gut. Es war jedes Mal niedlich, die beiden kleinen Freunde zu sehen, denn Lennart war strohblond, Typ Michel von Lönneberga, und Erwann ein dunkelhaariger Junge mit großen braunen Augen und einem fein geschnittenen Gesicht.

Da Erwann fußballbegeistert ist, wurde er sehr schnell zum Fan des 1. FC Köln. Der Verein ist bekannt dafür, dass ihm seine Fans auch in dunkelsten Tagen die Treue halten. Nach dem Motto: »Es ist egal, ob Bayern München kommt oder der FC Aue – Hauptsache, wir gewinnen.« Der Status des Vereins in der Kölner Stadtgesellschaft kann kaum überschätzt werden. Die Tatsache, dass unter den zahllosen Engeln und Heiligen an der Außenfassade des Doms auch Spieler des FC verewigt sind, sagt eigentlich schon alles.

Kurz vor der Einschulung musste Erwanns Familie aus beruflichen Gründen nach Frankreich zurückziehen. Wir waren alle sehr traurig. Für Erwann bedeutete es nicht nur die Trennung von seinen Freunden, sondern auch den Abschied von seiner Geburtsstadt. Er konnte das alles nicht begreifen. Zum Glück kommt die Familie regelmäßig nach Köln zu Besuch, manchmal nur für ein Wochenende, trotz zehnstündiger Anfahrt. Dann will Erwann jedes Mal an alle Orte, an denen sein Herz hängt.

Nach einigen Jahren statteten wir Erwann einen Gegenbesuch ab. Die Familie lebt in Dinard in der Bretagne, es ist ungefähr die schönste Gegend, die man sich vorstellen kann. Ich weiß noch, dass mein Mann sagte, er verstehe nicht, wie man hier auch nur einen Gedanken an Köln verschwenden könne. Das Wiedersehen war bewegend. Erwann und Lennart begrüßten sich mit einer Umarmung, nicht überschwänglich, aber auch nicht scheu, eher im Bewusstsein, was ihnen das Schicksal mit der schmerzlichen Trennung auferlegt hatte. Dann zeigte uns Erwann sein Zimmer – es ist ein Schrein seiner Geburtsstadt und des 1. FC Köln. Eine beachtliche Auswahl der in der Schildergasse angebotenen Fanartikel ist vertreten. Wie Erwanns Eltern berichteten, verfolgt er nicht nur die Bundesliga, sondern hält bei Welt- und Europameisterschaften auch konsequent zu Deutschland, was sowohl unter seinen Klassenkameraden als auch bei seinem Großvater auf Unverständnis stößt. Stolz präsentierten uns Erwann und sein jüngerer Bruder Thomas ihre Sammelalben – in denen naturgemäß viele Spielerporträts fehlten, weil diese natürlich nur in deutschen Supermärkten angeboten werden. Thomas, der selbst gar keine Erinnerungen mehr an Köln hat, zeigte sich während unseres Aufenthalts konsequent nur im Podolski-Shirt. Unser Auto mit Kölner Kennzeichen wurde von Erwann wie ein Sendbote aus einer besseren Welt verehrt.

Im Corona-Jahr 2020 hat Erwanns Vater für ihn einen FC-Mundschutz bestellt. Der Shop bietet wirklich alles, was das Herz begehrt: Fanartikel, Tickets, FC-TV, Autogrammstunden ... Und da er sich direkt im C&A-Kaufhaus in Kölns wichtigster Einkaufsstraße, der Schildergasse, befindet, kann man sich gleich auch noch anderweitig umsehen. Erwann ist mittlerweile schon ein Teenager. Er spricht immer noch sehr gut Deutsch. Mein Jüngster hat ihm neulich mal auf Französisch geschrieben. »*Grosses bises de Cologne*«, endete der Brief. Lennart hofft immer noch, dass Erwann eines Tages nach Köln zurückkehren wird. Obwohl er sich eigentlich nicht für Fußball interessiert, würde er dann sofort mit ihm zum FC gehen.

17

STADTBAHNHALTESTELLE APPELLHOFPLATZ

Bei der Maus zu Haus

WDR-FUNKHAUS
WALLRAFPLATZ
50667 KÖLN

MAUS & MEHR
BREITE STRASSE 6
50667 KÖLN

MMC STUDIOS
AM COLONEUM 1
50829 KÖLN

FÜHRUNGEN DURCH DEN WDR:
WWW1.WDR.DE/UNTERNEHMEN/DER-WDR/SERVICEANGEBOT/SERVICES/BESUCHERFUEHRUNGEN-100.HTML

INFORMATIONEN ZUM BESUCH VON FERNSEHSENDUNGEN: WWW.KOELN.DE/KOELN/DIE_DOMSTADT/MEDIEN/FERNSEH-SHOWS-LIVE-ERLEBEN_59391.HTML

BESICHTIGUNG MMC-STUDIOS:
WWW.MMC.DE/STUDIO-TOURS

BESICHTIGUNG NOBEO-STUDIOS
(»WER WIRD MILLIONÄR?«) IN HÜRTH:
WWW.NOBEO.DE/STUDIOFUEHRUNGEN

In Köln sind VIPs nie weit. An Heiligabend sitzt man hinter Harald Schmidt in der Kirchenbank, auf dem 40. Geburtstag der Freundin hält Annette Frier die Festrede, und in der Straßenbahn begegnet man Anke Engelke. Köln ist eben die deutsche Fernsehhauptstadt. Es gibt hier kaum einen Tag, an dem hier nicht gedreht wird – sogar sonntags: Dann werden Straßen für Ac-

tionszenen von *Alarm für Cobra 11* abgesperrt. Im Laufe der Zeit haben sich so viele Unternehmen aus der Film- und Fernsehbranche in Köln angesiedelt, dass nun auch auswärtige Sender hier produzieren, beispielsweise das ZDF aus Mainz oder ProSieben aus München.

Begonnen hat alles mit dem Westdeutschen Rundfunk und seinem Funkhaus am Wallrafplatz. Es war eines der ersten großen Gebäude, die nach dem Krieg in Köln neu entstanden, zwischen 1948 und 1952. Die leichte, geschwungene Architektur ist eine Stein gewordene Abkehr vom Nationalsozialismus. Ein schönes Fotomotiv gibt es am Mausladen in den WDR-Arkaden: Dort kann man eine Maus-Figur an der Fassade so fotografieren, dass sie genau auf die Turmspitzen des Doms zuläuft.

In den 80er Jahren kam RTL dazu. Heute residiert der größte kommerzielle Sender Deutschlands nobel in den von Konrad Adenauer errichteten historischen Messehallen am rechten Rheinufer. Weniger schick sind die Studiokomplexe, in denen die Unterhaltungsshows entstehen. *Wer wird Millionär?* zum Beispiel kommt aus einer entlegenen Ecke. Von der Straßenbahnhaltestelle im Vorort Hürth aus geht man eine Wohnstraße entlang, bis man sich sicher ist, dass man falsch ist. Just an dieser Stelle taucht eine mit Graffiti besprühte Plakatwand mit dem Gesicht von Günther Jauch auf. Man wendet sich in eine Art Gewerbehof, in dem man eher einen Gebrauchtwagenhändler vermuten würde. Dort steht eine Baracke, und wenn man da reinkommt, ja dann, endlich, steht man in der aus dem Fernsehen vertrauten Kulisse.

Auch die MMC-Studios im Stadtteil Ossendorf direkt neben IKEA sehen von außen denkbar unscheinbar aus. Es handelt sich aber um einen der größten und modernsten Studiokomplexe Europas. Hier entstehen Shows wie *Let's Dance, Deutschland sucht den Superstar, Das Supertalent, The Masked Singer* und *Die Höhle des Löwen*. Außerdem werden hier Kinofilme gedreht – Stars wie Ben Kingsley, Helena Bonham Carter, Keira Knightley, Helen Mirren und Viggo Mortensen haben alle schon auf dem Areal vor der Kamera gestanden.

Sowohl die MMC-Studios als auch den WDR kann man besichtigen. Noch interessanter ist es, als Studiogast bei einer Fernsehsendung dabei zu sein.

18

STADTBAHNHALTESTELLE APPELLHOFPLATZ

Die andere Tür

ST. KOLUMBA
KOLUMBASTRASSE 4
50667 KÖLN

KOLUMBA-MUSEUM MI-MO 12-17 UHR
EINTRITT ERWACHSENE 8 EURO,
ERMÄSSIGT 5 EURO. BIS 18 JAHRE FREI
WWW.KOLUMBA.DE

Die Nord-Süd-Fahrt ist die schlimmste jener mehrspurigen Schnellstraßen, die den mittelalterlichen Kern von Köln brutal durchschneiden. Umso erstaunlicher ist es, dass es gerade hier eine Tür gibt, durch die man in einen Raum der Stille gelangen kann. Diese Tür kennen allerdings fast nur Einheimische. Kunstinteressierte und Touristen kommen für Kolumba, das Kunstmuseum des Erzbistums Köln. Es befindet sich in einem Gebäude des Schweizer Architekten Peter Zumthor: Hinter einer fast abweisend kantigen Ziegelfassade erhält der Besucher Zutritt zu einer klösterlich kargen Welt fern von Straßenlärm und Hektik. Hier kann man

zur Ruhe kommen. Das mehrfach preisgekrönte Museum kombiniert seinen hochklassigen Bestand an alter Sakralkunst auf anregende Weise mit moderner Kunst.

Man muss sich schon etwas auskennen, um zu wissen, dass es um die Ecke noch einen anderen Zugang gibt. Diese Tür nimmt Christoph Biemann, wenn er gerade mal in der Gegend ist. Der Christoph mit dem grünen Pulli aus der *Sendung mit der Maus* geht in die Kapelle »Madonna in den Trümmern«. Hier ist das Licht gedämpft, und es wird höchstens geflüstert. Der Lärm von draußen dringt nicht herein. Den Mittelpunkt der Kapelle bildet eine Marienfigur. Nur sie hat den Krieg heil überstanden, der Rest der spätgotischen Kirche St. Kolumba wurde zerstört. Ende der 1940er Jahre errichtete der Architekt Gottfried Böhm hier die kleine Kapelle. Diese ging später in dem Zumthor-Bau auf.

Christoph Biemann kennt die Kapelle noch aus der Zeit vor der Ummantelung. Er kam damals oft hierher, um sich in der Mittagspause mit seiner Frau zu treffen, die beim WDR arbeitete. Dann haben sie sich für ein paar Minuten in eine der Bänke gesetzt. »Wir sind überhaupt nicht religiös«, erzählt er, »aber es ist einfach ein schöner Ort, der, gerade weil er mitten im Verkehr liegt, sehr wohltut. Die Menschen bewegen sich hier langsam, leise, bedächtig.« Manchmal haben seine Frau und er eine Kerze angezündet. »Als Zeichen dafür, dass man an jemanden denkt. Wir haben es eigentlich immer für die Kinder gemacht – verbunden mit dem Wunsch, dass es ihnen gutgehen soll.« Heute kommt er immer noch hierher, etwa wenn er im WDR zu tun hat oder zum Einkaufen in der Innenstadt ist. »Ein, zwei Minuten – man verliert keine Zeit dadurch. Man frischt ein wenig auf, und die Alphawellen des Gehirns kommen zur Ruhe.«

In der Kapelle ist es still. Manche Besucher beten, andere scheinen einfach nur ihren Gedanken nachzuhängen oder sich kurz auszuruhen. Nach wenigen Minuten steht Christoph Biemann wieder draußen. »Jetzt kann's weitergehen.« Augenblicke später ist er im Großstadtgetümmel verschwunden.

19

STADTBAHNHALTESTELLE HANS-BÖCKLER-PLATZ / BF WEST

Singen, Jodeln und Weinen im Weißen Holunder

WEISSER HOLUNDER
GLADBACHER STRASSE 48
50672 KÖLN

Ein Sonntagabend ohne Weißen Holunder – das ist für Hilde und Birgit unvorstellbar. Die Kneipe ist berühmt dafür, dass dort jeden Sonntagabend gemeinsam gesungen wird. Oft kommen 80 Leute, mitunter stehen sie bis auf die Straße.

»Das ist Familie hier«, sagt Birgit. »Ich hab die anderen ganz lange nur mit Vornamen gekannt. Ich wusste, welche Lieder sie mögen und singen können, ich habe mit ihnen über Gott und die Welt gequatscht, aber ich wusste nicht, was sie beruflich machen. Ist auch unwichtig.«

Birgit ist besonders beliebt, weil sie sehr gut Akkordeon spielt. »Sie ist wie eine Jukebox, sie spielt jedes Lied«, schmunzelt

Weißer Holunder

Hilde. Außer ihr gibt es noch ein paar weitere Akkordeons, außerdem Gitarren, eine Flitsch – das kölsche Wort für Mandoline –, ein Banjo, eine Geige, eine Klarinette.
Die Mitsingkonzerte am Sonntagabend gliedern sich in zwei Teile: Zunächst gibt es ab 18 Uhr das offizielle Programm mit gedruckten Textheften. Die Musik ist »kölsch-bündisch-international«. Kölsch, das sind die Karnevalslieder der Bläck Fööss, aber auch ältere von Willi Ostermann. Mit bündischem Liedgut sind Fahrtenlieder der früheren bündischen Jugend gemeint, der »linken Pfadfinder«, wie Hilde sie nennt. Dazu kommt Musik aus aller Welt: russisch, jiddisch, französisch. Hildes persönliches Highlight war ein Auftritt der aus Israel stammenden Opernsängerin Dalia Schaechter.
Ab 21 Uhr kommt der freie Teil, das Lagerfeuer, bei dem sich jeder Lieder wünschen darf. Hilde erzählt von einer Frau, die öfters kam, aber eines Abends verkündete, nun sei sie zum letzten Mal hier, weil sie nach Gran Canaria auswandere. Für sie wurde »Ich han 'nen Deckel« von den Bläck Fööss gespielt, ein Lied über einen Kölner, der nach Berlin umgezogen ist und sich in seine Heimat zurücksehnt. »Da hat sie geweint wie ein Schlosshund«, erinnert sich Hilde. »Sie war untröstlich, weil ihr plötzlich klar wurde, was das für ein Schritt war. Man scheut sich hier nicht, Freudentränen wie auch Trauertränen zu zeigen. Das hat auch etwas Familiäres.«
Seit der Weiße Holunder durch den Dokumentarfilm *Sound of Heimat – Deutschland singt* überregionale Bekanntheit erlangt hat, schauen auch immer mal auswärtige Gäste vorbei. Einmal schlugen die Allgäuer Singvögel auf. Eigentlich war gerade griechischer Abend, aber das machte nichts: »Sie wurden sofort auf die Bühne geholt und jodelten mit acht, neun Frauen im Dirndl drauflos«, schildert Birgit. Mittlerweile existieren enge Verbindungen: Mehrere Holundrianer sind zum Gegenbesuch ins Allgäu gefahren. Mal sehen, was noch so alles passiert im Weißen Holunder.

20

STADTBAHNHALTESTELLE BARBAROSSAPLATZ

Tanger Time

In geheimnisvollem Blau leuchtet der Schriftzug in der Dunkelheit: Tanger, das Emblem daneben: eine Palme in einem Tor. Es symbolisiert den Zugang zur arabischen Welt, verheißt Öffnung und Bereicherung. Willkommen im marokkanischen Spezialmarkt Tanger!

Familie Mahi hat das Geschäft in der Nähe der romanischen Kirche St. Pantaleon vor 25 Jahren gegründet und nach ihrer Heimatstadt benannt. Die Kundschaft ist breit gefächert. »Anfangs hatten wir vor allem Marokkaner und Araber, aber dann sprach es sich herum, und nun kommen alle Nationalitäten, alle Konfessionen«, berichtet Younes Mahi, der an der Fleischtheke

DELIKATESSENGESCHÄFT TANGER
PANTALEONSWALL 30
50676 KÖLN
MO-FR 10-13 UND 14-19 UHR,
SA 10-16 UHR
WWW.TANGER-MARKT.DE

bedient. »Die Welt ist jetzt ganz klein geworden.«

Das Geschäft ist bestens sortiert. In den Regalen stehen Keramikschalen, Tonkrüge und silberne Teekannen, an der Decke hängen arabische Schmucklaternen. Die Gewürzabteilung sucht ihresgleichen: Wilde Minze, Eisenkraut, Süßholz, Wermut, Gummi arabicum ...

Gebäck wird mit Mandeln, Erdnüssen, Pistazien und Dattelmus zubereitet. Und dann gibt es Sachen, von denen man unter Umständen noch nicht gehört hat: Babaghannoug zum Beispiel, ein Auberginen-Püree. Oder Tahina, ein Mus aus Sesamkörnern. Riesig ist auch das Olivensortiment. Eine weitere Spezialität des Hauses sind Teezeremonien nach alter arabischer Tradition.

Ein Stammkunde des Tanger ist Mimoun Berrissoun. Der gebürtige Kölner ist mit der Familie Mahi befreundet. Seine Eltern stammen ebenfalls aus Marokko. Das Tanger ist für ihn viel mehr als ein Geschäft, es ist ein Begegnungsort. »Köln ist nicht New York, aber es ist schon so, dass man hier die unterschiedlichsten Kulturen hat, die friedlich zusammenleben«, meint Mimoun. »Und in einem Geschäft wie dem Tanger, da treffen sie sich, da kommen sie miteinander ins Gespräch. Ich bin manchmal nur hier, um mich zu unterhalten.« Es ist dann einfach Tanger Time.

Am Rhein

21

STADTBAHNHALTESTELLE DOM / HBF

Logenplatz am heiligen Fluss

DER RHEINBOULEVARD
50679 KÖLN

Der Rheinboulevard ist so etwas wie Kölns Strandpromenade: eine 500 Meter lange Freitreppe, auf der an schönen Sommerabenden kaum ein freier Fleck zu finden ist. Bis zu 10 000 Menschen sollen hier Platz finden. Vor allem junge Leute sitzen auf den breiten hellen Betonstufen und schauen aufs Wasser mit dem Altstadtpanorama im Hintergrund. Manche haben Pizza und Rotwein mitgebracht, andere trinken Kölsch. Dazwischen steigt weißer Rauch aus Shishapfeifen auf. Abhängen und locker bleiben: Lifestyle auf Kölsch.
Die niedrig stehende Sonne versilbert die Wasseroberfläche, so als würde aus seinen Tiefen das Rheingold aufleuchten. Seidi-

ge Abendluft befördert eine Atmosphäre unbestimmter Erwartung. Wie still es hier ist! Man hört nur gedämpftes Stimmengewirr und ab und zu das Rattern eines Zugs auf der Hohenzollernbrücke. Manchmal wehen Autogeräusche von der Deutzer Brücke herüber.

Die Menschen, die hier die Aussicht genießen, stehen in einer 2000-jährigen Tradition. Schon die Römer bauten ihre *Colonia Claudia Ara Agrippinensium* so, dass sie von der Stelle des heutigen Rheinboulevards aus ihre größte Wirkung entfaltete. Von hier aus hatte man den besten Blick auf den Statthalterpalast, auf die Tempel und die Stadtbefestigungen. Die Botschaft, die von diesem Panorama ausging, war: Schaut her, das hier ist eine überlegene Zivilisation! Legt euch besser nicht mit uns an! Diese Botschaft war an die Barbaren am gegenüberliegenden Ufer gerichtet. Der Rhein markierte die Grenze des Römischen Imperiums. Die Colonia hatte mehr gemeinsam mit anderen römischen Städten in Afrika und im Nahen Osten als mit der gegenüberliegenden Rheinseite.

Die Kölner betrachteten den Rhein früher als heiligen Fluss. Er besaß die Macht, Sünden abzuwaschen und Unglück fernzuhalten. Wie die Inder zum Ganges pilgerten die Kölner zum Rhein, um sich in seinem Wasser einer spirituellen Reinigung zu unterziehen. Der italienische Dichter und Humanist Francesco Petrarca (1304-1374) hat dieses Zeremoniell mit den Augen des faszinierten Außenseiters beobachtet und beschrieben: »Manche hatten sich mit Kräutern geschmückt und die Ärmel bis zum Ellbogen aufgestreift. So wuschen sie in fröhlichem Durcheinander die weißen Arme im reißenden Strom und plauderten dabei in ihrer fremdartigen einschmeichelnden Sprache. Als ich einen der Freunde fragte: ›Was soll dieser Zulauf zum Strome?‹, ward mir die Antwort: Es sei uralter Brauch, und besonders die Frauen hielten dafür, dass jedes Unheil fürs ganze Jahr abgewaschen und weggespült werde. Da sagte ich: ›O Ihr überglücklichen Anwohner des Rheins, Ihr schickt Eure Übel durch den Fährmann Rhein den Britanniern hinüber.«

Auf dem Rheinboulevard begreift man Kölns wahren Charakter: Es ist eine Wasserstadt. Der Handel über den Rhein hat die Stadt groß gemacht, und ihre ganze Architektur ist darauf angelegt, vom Wasser betrachtet zu werden. Alte Stadtansichten zeigen Köln grundsätzlich aus die-

ser Perspektive, und immer wird die Bedeutung des Flusses hervorgehoben. Als weites silbernes Band liegt er vor der Stadt ausgestreckt, Inbegriff ihrer kommerziellen Bestimmung. Zeitweise hatten die Kölner das vergessen und dem Riesenstrom den Rücken zugewandt, aber in diesem Jahrhundert haben sie ihn wiederentdeckt.

22

STADTBAHNHALTESTELLE HEUMARKT

Gackernde Automaten und servierende Roboter

SCHOKOLADENMUSEUM
AM SCHOKOLADENMUSEUM 1A
50678 KÖLN

TÄGL. 10-18 UHR. JAN. - MÄRZ;
NOV. MO GESCHLOSSEN
EINTRITT 12,50 EURO, KINDER BIS
16 JAHRE 7,50 EURO
WWW.SCHOKOLADENMUSEUM.DE

Ein nie versiegender Schokoladenbrunnen – welches Kind wünscht sich das nicht? Im Schokoladenmuseum ist dieser Traum Wirklichkeit geworden. In einem drei Meter hohen Brunnen sprudeln ständig 200 Kilogramm flüssige Schokolade. Und auch sonst passieren hier Dinge wie in dem Film *Charlie und die Schokoladenfabrik*: Ein Roboter reicht den Besuchern auf Knopfdruck Schokolade aus einer gläsernen Fabrik, in der man den Produktionsprozess verfolgen kann. Und man bekommt einfach so Schokolade geschenkt – sofern man vorher den nicht ganz billigen Eintritt entrichtet hat.

Das Schokoladenmuseum zählt zu den meistbesuchten Museen

Deutschlands. 2018 feierte es sein 25-jähriges Bestehen. Die süße Tradition wurzelt in der Kaiserlich-Königlichen Hof-Chocoladen-Fabrik Gebr. Stollwerck. Sie galt vor dem Ersten Weltkrieg als größter Schokoladenhersteller der Welt. Die Hauptverwaltung in der Südstadt, ein Backsteinbau mit spitzen gelben Türmen, wurde von den Kölnern »der Kamellendom« genannt. In den umliegenden Straßen duftete es permanent nach Schokolade.

Zu den Prunkstücken des Museums gehören die reich verzierten Schokoladenautomaten von Stollwerck, die in der Kaiserzeit an jeder Straßenecke standen – zur Umgehung der Ladenöffnungszeiten. Wenn man sie mit Münzen fütterte, spuckten sie Schokolade aus, machten Musik oder erzählten ein Märchen. Die »legende Henne« ließ gackernd ein Blechei fallen, das sich öffnen ließ und Leckereien preisgab – so neu ist das Überraschungsei also nicht. Der Schokolade lagen kleine Sammelbilder bei, die von Künstlern wie Max Liebermann, Otto Modersohn und Adolph von Menzel gestaltet wurden. Die Inflation Anfang der 1920er Jahre machte das Prinzip des Münzeinwurfs dann zunichte. In den 1980er Jahren wurde die Stollwerck-Fabrik in der Südstadt abgerissen, bis auf ein einzelnes Backsteingebäude, das heute als Bürgerhaus dient.

Eine andere Besonderheit des Museums sind abschließbare Zuckerdosen: Zucker war früher so kostbar, dass er vor Diebstahl – etwa durch Dienstboten – geschützt werden musste. Außerdem können die Besucher noch ein Tropenhaus mit Kakaobäumen besichtigen und natürlich jede Menge Schokolade und Pralinen kaufen. Wenn einem dann nach so viel Süßem nach etwas Scharfem ist: Direkt gegenüber liegt das Kölner Senfmuseum.

23

STADTBAHNHALTESTELLE UBIERRING

Raus aufs Wasser

RHEINAU-SPORTHAFEN
BAYENSTRASSE 28A
50678 KÖLN

KINO IM RHEINAUHAFEN:
WWW.OPENAIRKINO.KOELN/
BOOTSVERMIETUNG:
WWW.BOOTSVERMIETUNG-KOELN.DE
SCHIFF- UND BOOTSTOUREN DER KÖLN-DÜSSELDORFER: WWW.K-D.COM
SEGELSCHULE JOCHEN VETTER:
WWW.SEGELN-MACHT-SPASS.DE

Wenn jemand geeignet ist, Lieblingsorte in Köln zu benennen, dann Wolfgang Niedecken. Der BAP-Sänger ist so etwas wie ein moderner Kölner Stadtpatron. Kein anderer hat in den letzten vierzig Jahren so viel für die Verbreitung der kölschen Sprache getan wie er. Von Flensburg bis Klagenfurt findet man Menschen, die »Verdamp lang her« mitsingen können. Außerdem personifiziert er die Offenheit und das gesellschaftspolitische Engagement der für ihre Liberalität bekannten Stadt.

Wir melden uns also bei Wolfgang und seiner Frau Tina, und sie sind sofort mit dabei. Ihre Idee: »Mit dem Boot auf den Rhein!«

An einem strahlenden Frühsommertag geht es also zum Rheinau-Sporthafen. Diese Marina ist denkbar schön gelegen – sozusagen zwischen den Wahrzeichen Kölns. Nach Norden hin blickt man auf die Türme des Doms, an der Rheinseite erhebt sich das Dreigestirn der Kranhäuser. Diese neuen Wahrzeichen Kölns sind den »Wolkenbügeln« des russischen Künstlers El Lissitzky (1890-1941) nachempfunden: Er wollte waagerechte Hochhäuser bauen, als Gegenpole zu den Wolkenkratzern des amerikanischen Kapitalismus. Besonders bei Nacht, wenn die Kranhäuser leuchten, hat das Hafenbecken etwas Geheimnisvolles. Mit seinen Lichtspiegelungen im Wasser wirkt es dann wie eine verwunschene Lagune. In lauen Nächten gibt es hier Open-Air-Kino.

Jetzt ist es Nachmittag, und die Sonne brennt vom Himmel. Tina Niedecken winkt von einem der Schiffe. Wir sind zu Gast bei Jochen Vetter, Inhaber einer Segel- und Motorbootschule.

Die »Mobo« tuckert los. Gemächlich ziehen wir an den Liegeplätzen der Yachten vorbei. Manche Skipper haben ihre Wohnung aufgegeben und sind ganz aufs Wasser gezogen. Im Sommer muss so ein Leben auf dem Wasser traumhaft sein: Man wird morgens von Möwenschreien geweckt wie im Urlaub am Meer. Aber im Winter? Das könnte kühl werden. Immerhin: Einen Weihnachtsmarkt hat man dann gleich vor der Tür, am Schokoladenmuseum.

Jetzt geht es zwischen den hoch aufragenden Hafenmauern hindurch auf den Rhein. Fast scheint es, als würden wir durch einen schmalen Gang hinter den Kulissen eines Theaters mitten auf eine riesige Bühne mit atemberaubenden Dekor treten. Der festungsartige Turm von Groß St. Martin kommt ins Bild, die schwarzen Zwillingstürme des Doms, die stolze Hohenzollernbrücke zum Hauptbahnhof. »He, Leute«, sagt Jochen. »Ich geb jetzt mal Gas, o. k.?« Wir schießen am Lanxess-Hochhaus vorbei, hinter uns schäumt das Rheinwasser auf. Wirklich, mehr Sapß ist kaum denkbar! Und solche Bootstouren kann man buchen: für einen Tag oder stundenweise. Mit Chauffeur – falls man selbst keinen Bootsführerschein hat.

»Meine eigentliche Lieblingsstelle ist aber woanders«, sagt Wolfgang. »Habt ihr noch Zeit, dann zeig ich sie euch?«

24

STADTBAHNHALTESTELLE UBIERRING

Der Fernwehstrom des Wolfgang Niedecken

AUF DEM RHEIN
50678 KÖLN

Unser Ziel ist das Naturschutz- und Erholungsgebiet Weißer Bogen: die elegante Schleife, die der Rhein ganz im Süden von Köln macht, benannt nach dem Stadtteil Weiß. Als Kind hat Wolfgang oft die Sommerwochenenden auf einem Campingplatz am Rhein verbracht. Er erinnert sich, wie er abends in dem leer geräumten VW-Bus lag und vor dem Einschlafen dem Stimmengemurmel der Erwachsenen lauschte.

Die »Mobo« schaukelt jetzt sanft auf den Wellen, der Motor tuckert leise vor sich hin. »Für mich war der Rhein von Kind an immer schon die Hauptattraktion«, erzählt Wolfgang. Es gab für ihn nichts Größeres, als mit

seinem Vater, dem Lebensmittelhändler Josef Niedecken, in den Hafen zu fahren und die Dosenmilch abzuholen, die per Schiff angeliefert wurde. »Der Hafen war für mich das Tor zur Welt«, erinnert er sich. »Der Rhein fließt ja von den Schweizer Bergen in die Nordsee, da ist alles dabei, was einen träumen lässt: die Alpen, das Meer ...«

Sein *großer Brooder*, zwanzig Jahre älter, aus der ersten Ehe seines Vaters, hängte sich damals im Sommer an die Schleppschiffe und ließ sich von ihnen ziehen – der kleine Wolfgang bewunderte ihn maßlos dafür. Stolz war er, wenn seine Mutter ihm als Vorschulkind erlaubte, zusammen mit ein paar älteren Spielkameraden über die Südbrücke auf die Poller Wiesen zu gehen. »Das war eine Anerkennung, ein großer Vertrauensbeweis. Ich war immer der Kleinste in der Clique, aber die anderen haben gut auf mich aufgepasst.« Noch heute kann man das Gefühl von Abenteuer nachempfinden, wenn er beschreibt, wie die Güterzüge die Brücke erbeben ließen. »Das spürtest du körperlich.« Er malte sich aus, wie es wäre, auf die Bremserhäuschen aufzuspringen und irgendwo in Indien oder China wieder aufzuwachen. Die Silhouette des Siebengebirges, die sie von der Brücke aus sehen konnten, hielt er für die Alpen. »Dahinter kam dann gleich Afrika.« Er lacht. Später hat er wirklich die Welt bereist, aber der Rhein hat für ihn seinen Zauber nie verloren. »Der Inbegriff von Fernweh!«

Wir pflügen wieder durch die Wellen. Wolfgang erzählt, dass sein Vater an Heiligabend immer mit ihm an den Rhein gegangen ist, um dort Moos auszustechen – als Bodenbelag für die Krippe. Mittlerweile macht er das selbst mit seinen Töchtern – und demnächst mit seinem Enkel. Er kann den Rhein sogar von seinem Schreibtisch aus sehen. »Ein großes Glück.«

25

STADTBAHNHALTESTELLE UBIERRING

In Alice Schwarzers Frauenturm

FRAUENMEDIATURM
HARRY-BLUM-PLATZ 2
50678 KÖLN

ANMELDUNG:
WWW.FRAUENMEDIATURM.DE/BESUCH

Draußen prasselt der Regen, aber drinnen ist es gemütlich. Alice Schwarzer sitzt bei einem schwarzen Kaffee in der Bibliothek des Frauenmediaturms. Er beherbergt das wichtigste deutsche Frauenarchiv – ein Dokumentationszentrum zur Geschichte des Feminismus. Das Erdgeschoss wird für Vorträge und Ausstellungen genutzt, darüber liegen drei Arbeitsetagen. Auch die berühmte *Emma*-Redaktion hat hier eine Etage gemietet. Im höchsten Raum im vierten Obergeschoss befindet sich die öffentliche Bibliothek. Jeder, der Interesse hat, kann herkommen und sich alles anschauen. Man muss sich nur anmelden. Dann gibt's eine Füh-

rung bis nach oben auf die Aussichtsplattform.

Die Hülle des Archivs ist der Bayenturm, eine frühere Zwingburg des Erzbischofs aus dem Mittelalter, ein Relikt der Stadtbefestigung. Mit dem Ruf »Kölle Alaaf« soll der Turm im Jahr 1262 von Kölner Bürgern gestürmt worden sein. Für Alice Schwarzer ist er das traditionsreichste und stolzeste Gebäude von Köln – »neben dem Dom, das gebe ich zu«. Einmal, als der Kölner Erzbischof Joachim Meisner (1933-2017) bei ihr zu Besuch war, habe sie zu ihm gesagt: »Herr Kardinal, es ist ja noch nicht ausgemacht, wer hier im wichtigeren Denkmal von Köln sitzt. Ihr Dom ist erst 1880 fertiggestellt worden, aber ich bin hier seit dem 12. Jahrhundert!« Da habe er gelacht.

Überaus behaglich ist es hier drinnen. Die Fenster im vierten Obergeschoss ermöglichen einen freien Blick auf die Kranhäuser und den Rhein, von oben fällt durch eine Glaspyramide – das Himmelsauge – viel Licht herein. Überall gibt es Erker und Ecken, in denen man stöbern und schmökern kann. Die Bestände des Archivs reichen bis ins 15. Jahrhundert zurück und belegen, dass die Frauenbewegung viel älter ist, als man denkt. Es ist ein wunderbarer Rückzugsort.

Alice Schwarzer hat nur ein winziges Büro, aber auch sie blickt von dort auf den Rhein. »Der

Rhein ist für meine Lebensgeschichte von entscheidender Bedeutung«, sagt sie, die lange in Frankreich gelebt hat. »Und: Der Rhein – die Kölnerinnen und Kölner mögen es mir verzeihen – ist das Interessanteste an Köln.«
Die Stadt selbst hat nach ihrer Einschätzung nicht nur durch die Bombardierungen des Krieges gelitten, sondern vor allem auch durch den hastigen Wiederaufbau. Vieles, was man noch hätte retten können, wurde abgerissen, und die Rasterfassaden der schnell hochgezogenen Wohnhäuser blieben – wie vielerorts in der Bundesrepublik – uninspiriert. »Es gibt Städte, die haben ihre Schönheit besser bewahrt als Köln«, gesteht sie ein. »Aber dafür gibt es keine Stadt, die die Mentalität ihrer Bürger so gut bewahrt hat. Die Selbstironie, die Gelassenheit, die selbstverständliche Offenheit und Herzlichkeit in der Begegnung – das hat man in keiner anderen Stadt.«
Jetzt geht es aber unbedingt noch nach oben, zum Zinnenkranz auf der Spitze. Da atmet man plötzlich freier. An schönen Tagen reicht die Sicht bis ins Siebengebirge. Im Westen erstreckt sich die Südstadt mit dem spitzen Turm der Severinskirche, im Osten schleichen die Rheinfrachter über den Strom, und im Norden reihen sich die Attraktionen der Stadt wie an einer Perlenkette aneinander: von den zum Greifen nahen Kranhäusern über den Dom bis zur Agneskirche und weit in der Ferne St. Kunibert.
»Ich bin jetzt schon ein Vierteljahrhundert hier«, sagt Alice Schwarzer. »Und ich finde immer noch, dass es einer der schönsten Orte Kölns ist.« Allerdings nimmt sie das bei der täglichen Arbeit oft nicht wahr. Ihre Kollegin Margitta Hösel muss ihr manchmal zurufen: »Alice, guck mal raus! Da ist ein Regenbogen!« Oder: »Die Schafe sind auf der Wiese!« Damit meint sie dann die Poller Wiesen auf der anderen Rheinseite.
Es kann aber geschehen, dass Alice Schwarzer in ihrer Freizeit durch Zufall am Turm vorbeifährt und dann mit einem Mal denkt: »Wow, Alice! Das ist jetzt für eine gewisse Zeit sozusagen *dein* Turm!« Und das findet sie dann: »Einfach grandios.«

26

BUSHALTESTELLE ALFRED-SCHÜTTE-ALLEE

Der Fischreiher von der Südbrücke

DIE POLLER WIESEN
MIT BUSLINIE 159, ALTERNATIV MIT DER STADTBAHN BIS ZUM LINKSRHEINISCHEN UBIERRING ODER ZUR SCHÖNHAUSER STRASSE UND DANN ZU FUSS ÜBER DIE BRÜCKE AUF DIE ANDERE RHEINSEITE

Einer der schönsten Flecke in Köln ist der Strand an der rechtsrheinischen Seite der Südbrücke. Schmale Dämme aus aufgeschütteten Steinen und Geröll ragen hier in den Fluss und bilden dadurch kleine Buchten. An der Spitze sitzen oft Angler und genießen den Ausblick auf das gegenüberliegende Panorama mit den Kranhäusern und dem Dom in der Ferne.

Als ich einmal dort stand und zwei Anglern zusah, landete direkt vor mir ein Fischreiher. Nahezu geräuschlos war er herangeschwebt, und nun stand er da ganz nah. Er schien nicht die geringste Scheu zu haben. Ab und zu gab er ein leises schnarrendes Geräusch von sich. Die Ang-

ler erzählten mir, dass der Reiher von ihnen mit Fischen gefüttert werde, die zu klein seien, als dass es sich lohne, sie mitzunehmen. Dadurch habe er jede Angst vor den Menschen verloren. Ein kleiner, vielleicht drei Jahre alter Junge versuchte, ihn zu verscheuchen, doch der große Vogel schien gar keine Notiz von ihm zu nehmen. Erst als der Junge sich bis auf einige Zentimeter genähert hatte, breitete er seine Flügel aus und flog ein kleines Stück weiter.

Früher muss der Rhein ein Naturparadies gewesen sein. Bis ins 19. Jahrhundert war er noch nirgends in ein steinernes Korsett gepresst, sondern wand sich in breiten Schleifen durch das Land, verlor sich in Nebenarmen und wechselte seine Gestalt oft von einem Jahr auf das andere. Das ging so weit, dass die Kölner Angst bekamen, der Rhein könne ihnen abhandenkommen, nämlich deutlich weiter östlich verlaufen. Das aber war kein Kölner Gebiet mehr, sondern gehörte dem Grafen von Berg. Um zu verhindern, dass sie irgendwann auf dem Trocknen sitzen würden, legten sie damals die ersten, noch viel größeren Dämme an, die Poller Köpfe genannt wurden. Dadurch gelang es ihnen tatsächlich, den Rhein in seinem Bett festzuhalten.

Hinter dem Kiesstrand liegen weitläufige Wiesen. Sie erstrecken sich von der Deutzer Brü-

cke in der Innenstadt bis zur Rodenkirchener Brücke ganz im Süden. Die Kölner lieben diese Poller Wiesen.
Es gibt einen Künstler, Joachim Römer, der am Ufer Flaschenpost sammelt. Flaschen mit Briefen, die der Rhein ausgespuckt hat. Der Fluss erzählt ihm Geschichten. Schöne und traurige, obszöne und berührende. Einmal hat Joachim Römer ein Gefäß aus einem kleinen Kürbis gefunden, umkleidet mit Spanholz. Darin lagen Rosenblätter und ein Brief an ein verstorbenes Kind. Die Schrift war schon etwas verwischt, vermutlich durch Wassertropfen. Aber es hätten auch Tränen sein können. In einer anderen Flasche befanden sich zwei Ringe, Zeugnisse einer gescheiterten Ehe. Wieder ein anderer schrieb an die Frau, die er liebte und die ihn verlassen hatte. Er war überzeugt, dass die Flasche den Weg zu ihr finden würde.
Die beste Art, den Reiher von der Südbrücke zu treffen, besteht darin, selbst die Angel auszuwerfen oder sich neben einen Angler zu stellen. Während man wartet, geht der Blick zu der noch aus der Kaiserzeit stammenden Südbrücke, einer beeindruckenden, wenn auch etwas verrotteten Stein- und Stahlkonstruktion. Ab und zu rattert ein Güterzug über die Schienen. Sein Ziel? Die Ferne. Der Fischreiher könnte fliegen, wohin er wollte. Aber er will nicht weg. Er hat sich entschieden – für ein Leben unter der Südbrücke.

27

STADTBAHNHALTESTELLE RODENKIRCHEN BF

Strandleben an der Stromlinie

Köln liegt am Meer, es hat eine riesige Strandpromenade ... Ein Traum, gewiss, aber auch ein bisschen wahr. Denn die Kölsche oder Rodenkirchener Riviera kann sich durchaus sehen lassen. Weißer Sand so weit das Auge reicht. Kinder beim Burgenbauen. Paare beim Sonnen. Und auf dem Wasser eine weiße Jacht mit Feiernden. Nur die andalusischen Häuser fehlen. Stattdessen reihen sich hier weiße Villen aneinander.

Es gibt breite Strandabschnitte, an denen man am Wasser entlangwandern kann, aber auch versteckte Miniaturbuchten, die an schönen Tagen meist schon morgens besetzt sind. An heißen Tagen spielt der Rhein hier

DIE RODENKIRCHENER RIVIERA
UFERSTRASSE
50996 KÖLN

Mittelmeer. Die Luft flirrt, das Wasser ist mit seidigem Glanz überzogen, Sonnenschirme werfen scharf umrandete Schattenflecke auf den glühenden Sand. Die Tage vergehen in wohligem Gleichklang.

Im Wasser herrscht reges Planschen. Der kühle blaue Rhein sieht verlockend aus. Dennoch sollte man dem Drang auf keinen Fall nachgeben: Unter der stillen Oberfläche verbergen sich oft tückische Strömungen. Der Sog vorbeifahrender Schiffe ist eine Gefahrenquelle. Jedes Mal, wenn ein großer Frachter vorbeizieht, schlagen plötzlich richtige Wellen an den Strand.

Abkühlung bringt das Waldstück, das sich unmittelbar an die Kölsche Riviera anschließt und trotz seines bescheidenen Umfangs erstaunlich tief und undurchdringlich wirkt. Frühmorgens, wenn die Sonne durch die Baumkronen bricht und der Nebel aufsteigt, sollen die Lichtungen geradezu elfenhaft sein. Es herrscht Stille, bis auf das Singen der Vögel – irgendwann durchmischt mit Kuhglockengeläut: Das Wäldchen tut sich auf und gibt den Blick frei auf eine sattgrüne Weide.

Abends wird am Rhein gegrillt. Manche Familien haben Biertische aufgebaut, mit Plastikdecken. Bunte Ballons sind an einem Kinderwagen festgebunden. Gesprächsfetzen wehen herüber, Besteck- und Tellergeklapper. Musik.

28

BUSHALTESTELLE WEISSER HAUPTSTRASSE

Die große kleine Fahrt der Krokolino

WEISSER LEINPFAD
50999 KÖLN
WWW.FAEHRE-KOELNKROKODIL.DE

Die Sonne brennt vom Himmel, das Rheinwasser glitzert. Am Leinpfad ist an diesem heißen Sommernachmittag niemand zu sehen. Umso unwirklicher erscheinen die drei alten Schiffe am Ufer: ein kleines namens »Krokodil« und dahinter zwei große, die »Frika« und die »Mijn Tiena«, die sogar noch Masten hat. Sie sehen aus wie eine vor Anker liegende Piratenflotte. Ein wackelig aussehender, schmaler Holzsteg führt an Bord. Wo ist der Käpt'n? Nach einiger Zeit taucht er zwischen Aufbauten, Tauen und wuchernder Bordbepflanzung auf – ein knorriger Mann mit grauem Vollbart. Heiko Dietrich, der Fährmann.
Seit 1987 pendelt er zwischen

Weiß auf der linken Rheinseite und Zündorf auf der rechten. Jahrzehntelang stand er selbst am Steuer, inzwischen lässt er auch mal andere ran. Das derzeit meist aktive Fährboot heißt »Krokolino« und erinnert mit seiner hochgeklappten Brücke wirklich an ein Wassertier mit Schnauze. Wenn gerade ein großer Frachter vorbeigekommen ist, muss sich »Krokolino« richtig durch die Wellen kämpfen, und es sieht für kurze Zeit so aus, als wäre das Schiffchen nicht stark genug und würde von der Strömung mitgerissen werden und abtreiben.

Die »Frika« und die »Mijn Tiena« benutzt Heiko als Hausboote. »Die ›Mijn Tiena‹ ist mächtig alt. Die ist von 1886.« Ein Frachtschiff, das im 19. Jahrhundert noch vor der holländischen Küste unter Segeln fuhr. Und wie sieht's unter Deck aus? Hier ist alles aus Holz, rustikal und gemütlich. Im Bug hört man das Glucksen des Rheinwassers.

Jetzt aber auf zur Fähre! Unser Ziel ist der Zündorfer Strand, der hell in der Sonne leuchtet. Wie viele tausend Male ist Heiko hier hin- und hergefahren? Manch einer würde das als monoton empfinden, doch er wollte nie etwas anderes machen, sagt er. Am meisten mag er den Austausch mit den Passagieren. Auf seinem kleinen Schiff haben schon lebenslange Beziehungen ihren Anfang genommen:

Stammgäste, die jeden Tag auf die andere Seite mussten, haben sich an der Reling kennengelernt und ineinander verliebt. All das kann auf einer Flussfahrt geschehen, die nicht länger dauert als die Radionachrichten zur vollen Stunde.

Im Handumdrehen ist man auf der anderen Seite. Klack, noch im Fahren wird die Brücke nach unten geklappt. Runter von der Fähre, rauf auf die Fähre, und schon geht's zurück.

Für die Passagiere bedeutet die Fahrt einen kurzen Moment des Innehaltens. Es wird wenig gesprochen. Alle blicken aufs Wasser, schauen dem Ufer entgegen; es wird wenig gesprochen.

So, auf Wiedersehen, das war die letzte Fahrt für heute. Ein junges Pärchen kommt zu spät. »Wir sind aus Klettenberg«, sagt er. »Ich wollte ihr die weite Welt zeigen.« Die gegenüberliegende Rheinseite hat jetzt etwas von der Verlockung fremder Gestade. »Verschiebt das auf morgen«, rät Heiko. »Dann steht die Welt auch noch.«

Riehl

29

STADTBAHNHALTESTELLE ZOO / FLORA

Tropenfieber

FLORA
ALTER STAMMHEIMER WEG
50735 KÖLN
TÄGL. 8 UHR BIS ZUR DÄMMERUNG
EINTRITT FREI

Mein Herz schlägt für Topfpflanzen. Als ich Anfang der 90er Jahre nach Den Haag zog, war der Hortus Botanicus in Leiden eines meiner häufigsten Ausflugsziele. Ich begeisterte mich insbesondere für die *vleeseetjes*, die fleischfressenden Pflanzen. Ende 1998 siedelten wir nach London um, mein neuer Lieblingsort wurden jetzt die Königlichen Botanischen Gärten von Kew. Später, als wir nach New York weiterzogen, übernahm der Botanische Garten in der Bronx diese Stellung.

Danach ging's nach Köln. Mein Mann gab sich der Hoffnung hin, dass nun zumindest der kreislaufbelastende Aufenthalt in feuchtwarmen Gewächshäusern der Vergangenheit angehören würde. Da hatte er sich allerdings getäuscht. Köln verfügt über einen Botanischen Garten, der zu den besucherstärksten in Deutschland gehört und von den Einwohnern geliebt wird. Alle nennen ihn nur die Flora. Auch wenn er lange nicht so groß ist wie seine Pendants in New York oder London, so ist er doch ein wunderbarer Ort.

Prunkstück der Anlage ist der Wintergartenpalast von 1864, das frühere Palmenhaus, heute Kölns schönste Veranstaltungs-Location. Im Krieg weitgehend zerstört, wurde der Palast aus Glas und Eisen nach und nach wiederaufgebaut. Zuletzt wurde ihm bis 2014 das spektakuläre Tonnendach wieder aufgesetzt. Ein weiterer Höhepunkt des Botanischen Gartens ist die Palmenallee mit 30 winterharten Hanfpalmen – einmalig in Europa. Die Kamelien-Sammlung gilt als die artenreichste Deutschlands.

Die tropischen Gewächshäuser und das Wüstenhaus werden zurzeit neu errichtet, Vorbild ist das Palmenhaus in Kew Gardens. Schon jetzt ragen die Glaskonstruktionen mit tonnenschweren Stahlträgern bis zu 17 Meter hoch in den Himmel. Es wird einen Wüstencanyon geben und einen Baumkronen-Pfad durch den Dschungel – anvisierter Eröffnungstermin ist 2023.

Flora

30

STADTBAHNHALTESTELLE ZOO / FLORA

So lebt Hennes privat

Der A-Prominente begrüßt seinen Besuch wie einen alten Freund. Man kann sagen, was man will, aber Hennes hat wirklich keine Starallüren. Und das, obwohl er doch das bekannteste Maskottchen der Bundesliga ist. Hennes ist genau genommen Hennes IX. Der erste Hennes wurde dem Verein 1950 von einem Zirkus geschenkt und nach dem damaligen Trainer des FC, Hennes Weisweiler, benannt. Bis heute hat dieser Ur-Hennes acht Nachfolger. Seit 2014 lebt Hennes im Kölner Zoo. Er hat dort sein eigenes kleines Geißbockheim, das einem Bergischen Bauernhof nachempfunden ist. Es dürfte ihm gefallen, mit Artgenossen zusammenzule-

ZOO
RIEHLER STRASSE 173
50735 KÖLN
MÄRZ-OKT. TÄGL. 9-18 UHR,
NOV.-FEB. TÄGL. 9-17 UHR. EINTRITT
19,50 FÜR ERWACHSENE, KINDER 9 EURO
WWW.KOELNERZOO.DE

ben, denn Ziegen sind soziale Tiere.

Immer wenn der FC ein Heimspiel hat, wird Hennes in einem Spezialgefährt ins Stadion kutschiert. Auf seinem Bauernhof wird dann ein Fähnchen gehisst. Bedeutet: Der Papst ist gerade nicht da. Gegen 19 Uhr kehrt er zurück.

Sein Pfleger Klaus Heise ist übrigens kein großer Fußballfan. »Gut, ich freu mich, wenn der FC gewinnt und die Leute sagen ›Unser Maskottchen hat Glück gebracht‹. Aber ich mag den Hennes als solchen, ich schätze ihn als Ziegenbock.«

Natürlich gibt es im Kölner Zoo auch noch andere Tiere zu sehen. Dazu gehören allein 13 Elefanten. Immer wenn in der Herde ein Jungtier geboren wird, ist dies Titelseiten-News für die Kölner Boulevardzeitung *Express*. Weitere Höhepunkte des gitterlosen Zoos sind der Hippodom mit Flusspferden und Nilkrokodilen, das Urwaldhaus mit Gorillas, Orang-Utans und Bonobos und das Regenwaldhaus, in dem man sich in einen tropischen Urwald versetzt fühlt. Dazu kommen eine parkartige Landschaft mit altem Baumbestand und historische Tierhäuser aus dem 19. Jahrhundert, so das Giraffen- und Antilopenhaus im maurisch-indischen Stil, der Seelöwenfelsen und das Vogel-/Südamerikahaus mit seinen Zwiebeltürmchen und bunten Farben nach dem Vorbild russisch-orthodoxer Kirchen.

Eigelstein

31

STADTBAHNHALTESTELLE DOM / HBF

Das Kölner Lächeln

DIE GOLDENE KAMMER IN ST. URSULA
URSULAPLATZ 24
50668 KÖLN
BESICHTIGUNG: TÄGL., AUSSER MO, 10-12 UHR UND 15-17 UHR, EINTRITT 2 EURO

Eines schönen Nachmittags im Mai betrete ich die Kirche St. Ursula, eine der zwölf romanischen Basiliken von Köln. Eine nette, ältere Dame erwartet mich. Sie führt mich zu der Kammer, die aufgrund der hinter ihr verborgenen Kostbarkeiten mit einer doppelten Tür gesichert ist, eine davon dick wie die eines Panzerschranks. Sie öffnet und gibt mir den Schlüssel: »Schließen Sie bitte von innen ab.« Ich tue wie geheißen.

Jetzt stehe ich also allein in der verriegelten Kammer. Totenstille. Und um mich herum tatsächlich nur Tote. Tausende von Knochen, Hunderte von Schädeln. Kunstvoll aufgestapelt bis zur Decke. Arrangiert in wunderli-

chen Mustern. Geformt zu lateinischen Wörtern. Dennoch habe ich überraschenderweise kein mulmiges Gefühl.

Ich bin mal in den Katakomben von Paris gewesen, da läuft man an sechs Millionen toten Parisern vorbei, hier Köpfe, da Schlüsselbeine, dazwischen ein paar Rippchen. Eine richtige Geisterbahn. Die Knochen in St. Ursula sind noch älter als die in Paris. Es sind die Überreste von Menschen, die vor etwa 2000 Jahren gelebt haben. Die ersten Kölner. Römische Legionäre dürften dabei sein, Germanen, die sich in der damaligen *Colonia* angesiedelt hatten. Vielleicht auch Sklaven, Kaufleute und Gladiatoren. Sie alle wurden irgendwann außerhalb der Stadtmauern begraben. Gut 1000 Jahre später, im Mittelalter, vergrößerte sich Köln und schluckte das Gebiet des ehemaligen römischen Friedhofs. Bei Bauarbeiten kamen die Knochen ans Licht. Sie wurden jetzt allerdings nicht mehr den Römern zugeordnet, sondern in Zusammenhang mit einer christlichen Legende gebracht: Demnach war die heilige Ursula, eine englische Prinzessin, auf dem Rückweg von einer Pilgerreise nach Rom vor den Toren Kölns von wilden Hunnen überfallen und niedergemetzelt worden. Angeblich wurde sie dabei von 11000 Jungfrauen begleitet. Völlig klar also, wie man sich die Knochen erklären musste: Es

waren die Überreste der christlichen Märtyrerinnen!
In der Folge wurden die Ursula-Reliquien zu Exportschlagern. Pilger nahmen sie als Souvenirs mit. Wer reich war, erwarb sein Mitbringsel in einer besonderen Verpackung: Diese bestand aus einer kunstvollen Büste, die Kopf und Oberkörper einer jungen Frau darstellte. Klappte man die Schädeldecke der Frau auf, kam darunter der echte Totenkopf zum Vorschein – die eigentliche Reliquie. In der Goldenen Kammer befinden sich heute mehr als 100 dieser Kostbarkeiten.
Alle Büsten zeigen lächelnde Frauen – höchst ungewöhnlich, denn auf mittelalterlichen Darstellungen wurde wenig gelacht und gelächelt. Deshalb bürgerte sich bald auch europaweit eine feste Bezeichnung für diesen Gesichtsausdruck ein: Man nannte ihn »das Kölner Lächeln«.
Und das, so glaube ich, ist auch der Grund dafür, warum ich mich in dieser Kammer nicht fürchte: Ich bin umgeben von Frauen, die mir zulächeln. Dazu fällt Nachmittagslicht in die Kammer und beleuchtet die goldenen Verzierungen. In diesem Moment kann ich sehr gut nachempfinden, warum der Raum die »Goldene Kammer« genannt wird – und nicht etwa die »Schreckenskammer« wie die gegenüberliegende Kneipe.
Es fällt mir gar nicht leicht, die Kammer wieder zu verlassen. Aber irgendwann gehe ich hinaus und lasse die schwere Tür ins Schloss fallen. Die Frauen sind wieder unter sich.

32

STADTBAHNHALTESTELLE HANSARING

»Die wunderbarste Kneipe meines Lebens«

DURST
WEIDENGASSE 87
50668 KÖLN
TÄGL. AB 20 UHR, ENDE OFFEN

Der »Durst« ist die Stammkneipe von Navid Kermani. Und das schon sehr lange. »Als Student habe ich im ›Durst‹ viele Nächte verbracht«, erzählt er. Später hat er dort Geschichten für sein Buch *Vierzig Leben* aufgeschnappt. »Heute schaue ich oft nach der Arbeit noch kurz rein.« Sein Büro ist nur ein paar Häuser entfernt. »Auch deshalb wollte ich nie vom Eigelstein wegziehen. Weil zwischen Büro und Wohnung ausgerechnet diese wunderbarste Kneipe meines Lebens liegt.«

Der Eigelstein ist das Viertel hinter dem Hauptbahnhof. Nicht besonders hübsch oder sauber, aber dafür sehr lebendig. Kermani hat es einmal treffend beschrieben:

Diejenigen, die heute hier leben, können mit der 2000-jährigen Geschichte Kölns wohl kaum etwas anfangen. Aber sie führen den Namen »Colonia« auf seine wörtliche Bedeutung zurück, indem sie Kolonien bilden, »Kolonien von Fremden«.
Die Weidengasse ist die bunteste Straße dieses Viertels. Ein türkischer Obst- und Gemüsehändler hat sein reichhaltiges Angebot unter einer Markise ausgebreitet, die Lamm-Metzgerei ist noch geschlossen. Dazwischen ein Damen-Herren-Salon, der sämtliche Trends der vergangenen Jahrzehnte souverän ignoriert zu haben scheint. Und dann: der »Durst«. Nicht etwa *das* »Durst«, immer *der* »Durst«. Der Name ist abgeleitet von dem gleichnamigen Einakter des irischen Schriftstellers Flann O'Brien. Der hieß eigentlich Brian O'Nolan (1911-1966) und studierte unter anderem in Köln. Im »Durst« wird Guinness angeboten. Durst zu löschen, ist die Aufgabe, der sich Inhaber Guido Rauprich verschrieben hat. Es gibt eine breite Auswahl auch an Hochprozentigem, jedoch weder Heißgetränke noch Säfte. Und was gibt's zu essen? Chips und Erdnüsse.
Beleuchtung und Einrichtung sind minimalistisch. Ein Fußballkicker, ein paar Barhocker und Tische. An einer Wand haben sich Gäste so lange angelehnt, dass die Farbe abgewetzt und eine Art abstraktes Kunstwerk entstanden ist. Jeden Montag wird ein neuer Sinnspruch auf eine Tafel geschrieben. Zum Beispiel: »Ein Blick in die Welt beweist, dass Horror nichts anderes ist als Realität. (Alfred Hitchcock)« Sonst bleibt hier alles, wie es ist. *Eine* relativ neue Sache gibt es allerdings doch, wenn auch schon geklebt, weil runtergefallen: Im Flaschenregal über der Theke steht das FC-Maskottchen Hennes. Der weiße Geißbock ist ein Geschenk von Navid Kermani, der für seine Fußball-Leidenschaft bekannt ist.
»Wir sind nicht schick, aber wir haben Charme«, sagt Guido.

Agnesviertel

33

STADTBAHNHALTESTELLE EBERTPLATZ

Geliebter Unort

Der Ebertplatz ist bei vielen Kölnern als Angstraum verschrien, als Betonschlund und No-Go-Area. Drogendealer sind hier aktiv, zwei junge Männer wurden vor einiger Zeit erstochen. Beim Umsteigen in der U-Bahn-Station hat man nach Einbruch der Dunkelheit ein mulmiges Gefühl. In den vergangenen Jahren hat zwar ein Prozess der Rückeroberung des öffentlichen Raums eingesetzt, aber dennoch ist es eine Überraschung, als Rüdiger Jordan den Ebertplatz als seinen Lieblingsort benennt. Rüdiger kennt die Stadt so gut wie kaum jemand sonst: Als Location Scout durchforstet er sie auf der Suche nach Drehorten. Selbst für Szenen, die in New York oder

EBERTPLATZ
50670 KÖLN

Paris spielen, hat er schon geeignete Ecken gefunden.

Wir verabreden uns an einem warmen Abend im August. Auf dem Platz herrscht eine urbane Festivalstimmung. Der riesige Edelstahlbrunnen rauscht. Ein kleiner Junge fährt mit seinem Dreirad hinein, die Mutter rennt rufend hinterher. Vor dem Büdchen chillen junge Leute bei Snacks und Getränken. Auf der tiefer gelegenen Ebene läuft ein Gratis-Konzert mit sphärischen Klängen. Pärchen und Gruppen bevölkern den Platz.

»Ich mochte es hier auch schon, als hier noch nicht so eine super Stimmung war«, sagt Rüdiger, als er mit einem kühlen Bier auf einem Mäuerchen sitzt. »Ich bin ein Freund von großen Städten und mag die Brüche und nicht nur das Schöne. Ich mag die Rauheit, dieses leicht Vernachlässigte, den bröckelnden Beton. Und ich mag Nischen, die nicht automatisch vom Mainstream besetzt werden.«

Kunsthistoriker Rüdiger hält den Anfang der 70er Jahre entworfenen Platz für architektonisch gelungen. Er schätzt seine klaren und trotzdem sehr unregelmäßigen Formen, man hat hier kaum einen rechten Winkel. Das ist auch für den Film vielfältig nutzbar: »Man dreht sich einen Meter weiter und alles sieht total anders aus.«

Unsicher hat er sich nie gefühlt. Was andere beunruhigt – die Uneinsehbarkeit des Platzes durch seine tiefere Lage, die vielen Ecken und Nischen –, das empfindet er als Schutzraum. Den rund um den Platz tosenden Verkehr kann man von hier aus weder sehen noch hören, der Brunnen übertönt ihn. »Der Brunnen ist in der Lage, diesen großen Platz ganz allein zu bespielen.« Die abgesenkte Fläche auf Straßenniveau anzuheben – ein Plan, der seit langem in der Diskussion ist –, wäre in Rüdigers Augen ein Riesenfehler. Das Konzept des Platzes wäre zerstört.

Er erinnert sich an ein Konzert mit selbst gebastelten Instrumenten unten in der Passage. Es war teils melodiös, teils infernalisch. Einige Kunstjünger standen beisammen, ein paar Passanten verharrten. Irgendwann näherten sich die Dealer: »Was'n das? Musik? Die ist bei uns aber anders!« Ein Dialog kam zustande, ein gemeinsamer Abend. Natürlich ist das nicht die Normalität, natürlich gibt es hier Aggro-Stimmung, wenn es kracht zwischen zwei Banden oder der Kunde nicht so will wie die Dealer. Aber zum Gesamtbild gehört eben auch, dass der Platz mitunter Menschen miteinander ins Gespräch bringt. Menschen, deren Bahnen sich im Alltag nie kreuzen, obwohl sie dieselbe Stadt bewohnen. Das schaffen nicht viele Orte. Das schafft fast nur der Ebertplatz.

34

STADTBAHNHALTESTELLE EBERTPLATZ

Musik aus der Tiefe

DER KRONLEUCHTERSAAL IN DER KANALISATION
CLEVER STRASSE
50668 KÖLN
INFORMATIONEN ZU KONZERTEN UND FÜHRUNGEN:
WWW.STEB-KOELN.DE/SERVICE/KRONLEUCHTERSAAL/INHALTSSEITE.JSP

Immer wieder haben sich Schriftsteller unbekannte Welten ausgemalt, die unter unseren Füßen in der Kanalisation verborgen sein könnten. Wenn man an der Clever Straße in die Kanalisation hinabsteigt, scheint sich eine solche Fantasie zu bewahrheiten. Das Gewölbe ist gemauert wie in einer gotischen Kapelle oder einer Gruft. Ein Wappen schmückt die Wand – und von der Decke hängt ein Kronleuchter. Dieser Leuchter wartet auf niemand Geringeren als Kaiser Wilhelm II. Der hatte sich für das Jahr 1890 angekündigt, weil er die damals wegweisende Abwassertechnik Kölns begutachten wollte. Um dem Besuch einen angemesse-

nen Rahmen zu verleihen, wurde der Leuchter aufgehängt – so heißt es jedenfalls. Andere Quellen besagen, der Leuchter sei umgekehrt ein Geschenk des Kaisers gewesen. Fest steht: Gekommen ist der Kaiser nie.

Mitunter dreht das Fernsehen hier unten. Der Ort ist ideal für Krimis und alles, was gruselig sein soll. Die Mauern glänzen von der Feuchtigkeit des Abwasserkanals, der Leuchter taucht alles in schummriges Licht. Der Boden ist glatt, man muss aufpassen, dass man nicht ausrutscht. Jeder Schritt hallt von den Wänden. Die Akustik ist ungeheuer gut. Man kann zwei Leute, die sich in 30 Metern Entfernung miteinander unterhalten, so deutlich verstehen, als stünden sie neben einem. Deshalb finden im Kronleuchtersaal sogar Konzerte für zahlendes Publikum statt. Die Menschen, die gerade oberirdisch vorbeigehen, hören dann Klänge, die sie nicht zuordnen können. Mysteriöse Musik aus der Tiefe. Der einzige Nachteil für die Konzertbesucher: Es riecht ziemlich streng. Die kaiserliche Nase wäre damit sicher überfordert gewesen.

35

STADTBAHNHALTESTELLE EBERTPLATZ

Auf Pico Island

PICO COFFEE
NEUSSER PLATZ
50670 KÖLN
TÄGL. 7-23 UHR

Pico Coffee ist eigentlich nur ein Büdchen. Doch es ist das Herz des Agnesviertels. Das will etwas heißen, denn der Stadtteil nördlich des Zentrums ist einer der attraktivsten. Hier gibt es etwas, das in Köln eine Seltenheit ist: Straßenzüge mit geschlossener Gründerzeitbebauung. Genau in der Mitte des Viertels steht die Agneskirche, die größte Kirche nach dem Dom. Sie trägt offiziell den Namen der katholischen Heiligen Agnes, tatsächlich aber ist sie nach der Frau des Stifters Peter Joseph Roeckerath (1837-1905) benannt: Agnes Roeckerath, eine »vortreffliche Gattin und Mutter«, wie man in der Vorhalle in Marmor gemeißelt nachlesen kann. Ihr plötzlicher Tod

1890 hatte ihren Mann schwer getroffen, weshalb er ihr ein bleibendes Denkmal setzen wollte. Die Agneskirche ist also sozusagen der Taj Mahal von Köln, ein Monument der Liebe. Und schräg davor befindet sich Pico Coffee.

Das Büdchen muss ziemlich alt sein. Wie alt, hat der Chef Emre Arslan noch nicht herausgefunden. Aber manchmal kommt der ein oder andere alte Herr vorbei und erzählt, dass er schon als kleiner Junge hier etwas gekauft habe.

Die Familie Arslan hat das Büdchen vor etwa fünfzehn Jahren übernommen. Seitdem heißt es Pico Coffee. Pico Coffee hat zwei Seiten: die Kiosk-Seite und die Pico-Seite. An der Kiosk-Seite gibt es Zeitungen, Snacks und Getränke, an der Pico-Seite gibt es Kaffee, Crepes, Sandwiches und Waffeln.

Weil Pico zwischen zwei Straßen liegt, spricht man im Veedel auch von Pico Island. Im Übrigen sagt man einfach »Wir treffen uns bei Pico«. Abends, wenn es dunkel wird, leuchtet der Turm der Agneskirche, und ebenso leuchtet Pico, es strahlt quasi von innen heraus. Die Bedeutung einer solchen Insel im Alltagsstress ist wahrscheinlich kaum zu überschätzen. Jeder braucht ein Pico Island.

36

STADTBAHNHALTESTELLE REICHENSPERGERPLATZ

Good vibrations im Rosenmeer

ROSENGARTEN IM FORT X
NEUSSER WALL 33
50670 KÖLN
MAI-OKT. 7-20 UHR,
SA, SO, FEIERTAGE 9-20 UHR

Als unser Freund Jonas vor Jahren nach Köln kam, war die erste Wohnung, die er sich ansah, am Neusser Wall, direkt gegenüber einer burgähnlichen Anlage, deren breiter Festungsgraben mit einem sattgrünen Grasteppich bedeckt ist. »Ich bin am Reichenspergerplatz ausgestiegen und fand es sofort total schön«, erinnert er sich. »Es war Sommer, und viele Leute lagen auf der Wiese und chillten.«
Das eigentliche Schmuckstück der Anlage, den Rosengarten, entdeckte er erst später. Um ihn zu finden, muss man in die Burg hinein. Dicke, efeubewachsene Mauern ragen an beiden Seiten in den Himmel. Sie bildeten einst das Fort X oder auch Fort

Wilhelm von Preußen, errichtet von 1819 bis 1825. Nach dem Ersten Weltkrieg musste Köln seinen Panzer abwerfen. Fort X blieb erhalten, weil es schon vor dem Krieg nicht mehr genutzt worden war und sich dort Wohnungen befanden. Unter Oberbürgermeister Konrad Adenauer wurde es in den 1920er Jahren zu einer Parkanlage umgestaltet: Auf der ehemaligen Kriegsanlage begannen Blumen zu blühen.

Der Rosengarten hoch auf den Mauern der alten Bastion ist ohne Zweifel einer der schönsten Orte der Stadt. Er ist komplett abgeschieden, nur überragt vom Turm der Agneskirche. Eine eigene stille Welt für sich, ein auf unkölsche Weise gepflegter und friedvoller Ort. Und im Sommer ein Rosenmeer. Rosen in allen Farben. Dazwischen einzelne Besucher, die lesen, turtelnde Liebespaare, und junge Eltern, die ihr Baby in den Schlaf wiegen. Wenn man über die Wege geht, knirscht der Kies unter den Schuhen.

In letzter Zeit kommt Jonas nicht mehr ganz so häufig hierher. Sein Sohn ist jetzt schon im Kita-Alter, und da besteht die Gefahr einer Rosenernte. Stattdessen ist er jetzt häufiger auf dem Spielplatz im ehemaligen Festungsring von Fort X anzutreffen. Da muss er an diesem Tag auch noch kurz vorbei: Das Kind hat seine Sandschaufel liegen lassen ... da ist sie! An diesem Ort geht nichts verloren. *Good vibrations here.*

37

STADTBAHNHALTESTELLE EBERTPLATZ

Alte Dinge suchen neue Menschen

FLOHMARKT IN DER ALTEN FEUERWACHE
MELCHIORSTRASSE 3
50670 KÖLN
WWW.ALTEFEUERWACHEKOELN.DE

Am Sonntagmorgen, wenn ganz Köln noch schläft, spielt sich in der Alten Feuerwache im Agnesviertel ein Schauspiel ab. Ölgemälde und Kuckucksuhren werden in den platanenbestandenen Innenhof geschleppt, barocke Stühle, Kommoden und Sessel, Kerzenleuchter und Vitrinenschränke. Unter freiem Himmel entstehen halbe Wohnzimmer. Kartons voller Kinderbücher werden auf Biertische gewuchtet, Porzellantassen aus Zeitungspapier gewickelt und Wintermäntel aufgehängt. Pünktlich um zehn Uhr ist alles fertig arrangiert. Am Eingang wartet schon eine lange Schlange von Kölnern, die sehen will, was andere Kölner auf ihren Dachbö-

den und in ihren Kellern beim Ausmisten entdeckt haben.

Die Alte Feuerwache ist ein sehr lebendiges Bürgerzentrum im einstigen Hautquartier der Kölner Feuerwehr von 1890. Ein verwinkelter Backsteinbau, der von der Gemüse-Kooperative bis zum Frauenchor Chorillas zahllose verschiedene Angebote und Initiativen unter seinem Dach vereint. Der Flohmarkt findet von März bis Oktober alle zwei bis drei Wochen statt (Termine s. Website).

Schlittschuhe und Strohhüte, Fliegermützen und Taucherbrillen. Eine Stehlampe mit Wackelkontakt, ein Globus mit Sowjetunion und ein Telefon mit Wählscheibe. Es macht wirklich Spaß, hier an einem sonnigen Sonntagvormittag in Kunst, Kitsch und Kram zu stöbern. Fast hätte ich ein altes Schaubild über das Leben der Ameisen aus irgendeinem Biologiesaal gekauft, die Schrift noch in Sütterlin.

Was für den einen Plunder ist, ist für den anderen eine Schatztruhe. Ein Stapel alter Zeitschriften versetzt den Leser zurück in die Jahre 1979/80. »Günter Wallraff: Mein letztes Interview auf deutschem Boden«, heißt es auf dem Titel eines *tip*-Magazins. In derselben Ausgabe prophezeit Francis Ford Coppola: »In zehn Jahren wird es keine Filme mehr geben«.

An einem Stand lenkt ein Händler meine Aufmerksamkeit auf

seine aus Indien und Nepal importierte Kleidung. Er weiß ihr eine Aura des Einzigartigen zu verleihen, indem er nahezu jedes Teil mit einer kleinen Geschichte verbindet. Nach einer halben Stunde scheide ich von ihm mit einer ausbeulenden Stofftasche voll Qualitätsware. Das prächtigste Stück ist ein Kapuzenmantel mit psychedelischen Kreismotiven. Auf dem Weg nach Hause kommen mir Zweifel, aber es geht alles gut aus: Der Kapuzenmantel begeistert meine Tochter. Also doch: ein richtiges Flohmarkt-Schnäppchen.

Nippes

38

STADTBAHNHALTESTELLE LOHSESTRASSE

Die zwei Leben des Stefan S.

NEUSSER STRASSE
50733 KÖLN

In Köln definiert man sich sehr stark über das, was andernorts als Kiez bezeichnet wird: das Veedel. Günter Wallraff zum Beispiel sagt von sich, er sei eigentlich kein Kölner, sondern Ehrenfelder. Unser Freund Stefan hat viele Jahre im Agnesviertel gewohnt, bevor er und seine Frau ins benachbarte Nippes zogen. Als ich ihn einmal dort besuchte und wir uns über einen Laden im Agnesviertel unterhielten, entfuhr ihm die Bemerkung: »Ich weiß gar nicht, ob es den noch gibt – ich bin schon lange nicht mehr dort gewesen.« Wohlgemerkt: Das Agnesviertel ist zu Fuß fünf Minuten entfernt. Zudem ist es mit Nippes durch die Neusser Straße verbunden, hier

wie dort die pulsierende Haupteinkaufsstraße.

Durchschnitten wird sie allerdings von einer sechsspurigen Schnellstraße, der Inneren Kanalstraße. Meist wird sie nur die »Innere« genannt. »Stadtplanerisch ist das ein Monstrum«, sagt Stefan. »Eine Fräse, die man nicht wegdiskutieren kann. Klar, es ist möglich, sie zu überqueren. Sie hat Ampeln. Aber irgendetwas hält mich davon ab.« Agnesviertel und Nippes – die zwei Leben des Stefan S.

Nippes ist zum Glück noch nicht wirklich gentrifiziert, der Mietmarkt noch relativ gesund. Manche Ecke erinnert wegen der engen Straßen und gemütlichen Backsteinhäuser ein wenig an Holland. Ein Schmuckstück ist der Schillplatz: Er ist mit schönen Altbauten umstanden, mit schattenspendenden Bäumen ausgestattet, weitgehend verkehrsberuhigt und nicht zu groß. Eigentlich müsste er Chillplatz heißen, denn die Leute sitzen hier im Sommer sogar oft auf dem Boden. Im Dezember gibt es für einige Tage einen weithin bekannten Nikolausmarkt.

Auch die Neusser Straße ist einen Bummel wert. Vor einiger Zeit wurde sie zur Klimastraße ausgerufen. Das Konzept umfasst unter anderem Ladestationen für Elektroautos und -fahrräder, kostenfreie Solarstrom-Tankstellen für Handy, Tablet und Laptop,

LED-Straßenbeleuchtung und ein energieeffizientes Bezirksrathaus. So soll mehr Nachhaltigkeit Realität werden. Man findet hier noch viele Geschäfte, die woanders längst verschwunden sind: einen kleinen Elektroladen zum Beispiel und gleich mehrere Buchläden. Weitere Insider-Empfehlungen von Stefan: Pizza Pazza, Tadim Kebap und der kleine Kiosk am Eingang zur Schenkendorfstraße.

39

STADTBAHNHALTESTELLE NEUSSER STRASSE/GÜRTEL ODER FLORASTRASSE

Boule-Spiel im Abendlicht

DER BOULE-PLATZ AM NIPPESER TÄLCHEN
ECKE MAUENHEIMER STRASSE/
NIEHLER KIRCHWEG
50733 KÖLN

An einem wunderschönen Sonntag im Mai entdeckte ich zufällig den Boule-Platz in Nippes. Er befindet sich unmittelbar neben dem Bürgerzentrum Altenberger Hof mit einem schönen Biergarten im Innenhof. Darunter dehnt sich das Nippeser Tälchen aus, ein kleines, hügeliges Grüngebiet, ein Stück Hobbit-Auenland in Köln.

Auf dem Boule-Platz spielten ungefähr 50 Leute in kleinen Gruppen. Alt und Jung bunt gemischt, allerdings vorwiegend Männer. Das Abendlicht fiel durch das Blätterdach der alten Bäume am Rande des Platzes und warf ein Leuchtmuster auf den Schotterboden. Ich setzte mich auf eine Bank und beobachtete die Spieler.

Das Klacken der Kugeln und die gedämpften Stimmen hatten etwas Beruhigendes. Man denkt sofort an Frankreich, an alte Männer mit kreisender Rotweinflasche und schiefem Barett auf dem Kopf.

Bei aller Relaxtheit waren das hier in Nippes schon echte Cracks. In der einen Hand die Kugel, in der anderen das Spezialputztuch dafür, schlurften sie zur Abwurfstelle. Dann sah es einige Zeit so aus, als würden sie gar nichts machen. Aber in Wahrheit loteten sie natürlich die Abstände aus, fixierten das Ziel, »das Schweinchen«, und lasen den Boden. Die Kunst des Bodenlesens ist sehr wichtig. Denn wenn die Kugel an einer ungeeigneten Stelle aufkommt, springt sie weg. Man muss sie also an der richtigen Stelle platzieren, und auch für diese Stelle gibt es einen französischen Fachausdruck: Es ist die *donnée*. So also bereitet sich der Spieler vor. Um dann, im Moment höchster Konzentration, den rechten Arm nach hinten zu schwingen, den ganzen Körper zu verdrehen, den Arm nach vorne zu reißen und die Kugel aus dem Handgelenk heraus durch die Luft zu schleudern. Klack. Ein wenig Staub wirbelt auf – voilà. Aus kurzer Distanz wird auch aus der Hocke geworfen. Ab und zu geht mal eine Kugel »durch«, das heißt, sie rollt zu weit. Oder sie »verhungert«, bleibt ein ganzes Stück vor dem Schweinchen liegen. Wenn man nicht sehen kann, welche Kugel näher dran ist, wird das Zentimeterband rausgeholt.

Bald erfuhr ich: Das hier war Boule in der am meisten verbreiteten Variante Pétanque. Der Ursprung liegt in der Provence. Dem Erfinder soll es aufgrund eines Rheumaleidens nicht möglich gewesen sein, die bis dahin üblichen Anlaufschritte zu machen und die Kugel bis zu 20 Meter weit zum Schweinchen zu werfen. Pétanque kann man auch mit Rheuma spielen, mit Bauchansatz und mit Gauloise im Mundwinkel. Was für ein grundsympathischer Sport. Ich lernte auch: Entscheidend ist, dass der Wurf locker aus dem Handgelenk kommt. Man kippt das Handgelenk und öffnet es wieder.

Einer der Spieler hieß Adama Nana und stammte aus Burkina Faso. »Ich habe hier über das Spiel viele nette Freunde gefunden«, erzählte er mir. Man kommt ganz von selbst mit den Leuten ins Gespräch. Und natürlich darf man dann auch mal werfen. Einfach mal ausprobieren!

Ehrenfeld

40

STADTBAHNHALTESTELLE VENLOER STRASSE / GÜRTEL

Szeneveedel unterm Leuchtturm

Weit und breit kein Meer in Sicht und statt Möwen höchstens Tauben. Dennoch erhebt sich ein Leuchtturm 44 Meter hoch über Ehrenfeld. Nachts strahlt er sogar, allerdings etwas funzelig. Gebaut hat ihn 1894/95 die Helios-Electricitäts-Aktiengesellschaft. Die nach dem griechischen Sonnengott benannte Firma produzierte unter anderem elektrische Leuchtfeuer für Leuchttürme. Zur Frage nach dem Sinn des Ehrenfelder Leuchtturms kursieren zwei Erklärungen, eine nüchterne und eine abenteuerliche. Die nüchterne: Der Turm diente als Testanlage und war außerdem ein Werbegag. Die abenteuerliche: Der Turm war ursprünglich für das

HELIOS-LEUCHTTURM
HELIOSSTRASSE 2
50825 KÖLN

ostafrikanische Sultanat Sansibar bestimmt, das eine deutsche Kolonie werden sollte, dann aber doch an die Briten ging. Daraufhin errichtete Helios den Turm eben einfach in Köln.

Aus heutiger Sicht kann sich Ehrenfeld kein passenderes Wahrzeichen wünschen als diesen – im übertragenen Sinne – schrägen Turm. Das Gebiet zu beiden Seiten der Venloer Straße ist schon seit Jahren *der* Kölner Szene-Hotspot. Fans von Jan Böhmermann kennen es aus seiner früheren Show *Neo Magazin Royale*, die in einem abgewrackten ehemaligen Teppichgeschäft in Ehrenfeld produziert wurde und im Hintergrund immer die Ehrenfelder Skyline zeigte. Auf seiner Facebook-Seite lobte Böhmermann unter anderem »Bunte Burger«, einen »veganen Laden für Wutburger«, »Karl Hermann's« (»Die besten Burger Kölns«) und »Oskar Jäger deli ehrenfeld« (»Bester Mittagstisch weit und breit«). Eine andere bekannte Adresse ist das »Herbrand's«, Restaurant, Club und Eventhalle in einem. Die Taverne »Alekos« gilt als Kölns ältester Grieche. Oft wochenlang im Voraus ausgebucht ist die Traditionsgaststätte »Haus Scholzen«. Die gleichnamige Weinhandlung daneben ist ebenfalls eine Ehrenfelder Institution.

Auf kulturellem Gebiet gehören der Club Bahnhof Ehrenfeld, der Jazzkonzertsaal Loft, der Musikclub Sonic Ballroom, die Live Music Hall und das Artheater zu den Ehrenfelder Institutionen. Typisch sind die kleinen Ateliers und Läden in den Seitenstraßen, die man selbst entdecken muss. Man läuft in einen Hinterhof hinein, und schon steht man mitten in einer Marionettenwerkstatt, auf die aber kein einziges Schild hinweist. Warum auch? Hier geht's schließlich nicht ums Geschäft. Das ist typisch Ehrenfeld: Vieles ist erfrischend unkommerziell. So wie der Leuchtturm, der auch seit mehr als 100 Jahren keine Funktion mehr hat, sondern einfach nur in der Gegend rumsteht.

41

STADTBAHNHALTESTELLE LEYENDECKERSTRASSE

Karotten-Lachs und Zimtschnecken

CAFÉ ROTKEHLCHEN
VENLOER STRASSE 400
50825 KÖLN

Clara und Pauli wohnen in Ehrenfeld in einer Studenten-WG. Ihre Privatuni liegt direkt um die Ecke vom Café Rotkehlchen. Clara hat schon am ersten Tag ihres Studiums hierher gefunden, zusammen mit zwei Kommilitoninnen. Es war nachmittags und ziemlich voll. »Ich hab gleich gedacht: Das isses. Weil's eben so unheimlich gemütlich ist.« Das liegt an der Enge und an den alten Küchenmöbeln. In Kombination ergibt das Zuhause-Atmosphäre.

Pauli war auch schon am ersten Tag mit Freunden hier. »Alles war noch total aufregend und anders, und dann ein so gemütlicher Ort, das ist genau das, was man braucht«, erinnert sie sich.

Noch bevor sie überhaupt zum ersten Mal nach Köln kam, hatte sie das Café schon beim Googeln entdeckt. Man könnte sagen: Die beiden haben sich im Café Rotkehlchen ihr Nest gebaut.

Die Frühstücksplatten werden serviert: lauter kleine Töpfchen mit Soßen und Pasten, Becher mit Obstsalat, Tomaten, Gurkenscheiben, rote Beete, veganer Käse. Ein Hingucker ist der Karotten-Lachs, der vor allem von der Farbe her überzeugend wirkt, aber auch vom Aroma her Anklänge an das Original hat. Sehr empfehlenswert sind die Zimtschnecken und der Bananenkuchen. Das Café verfügt über eine wirklich enorme Auswahl an veganen und glutenfreien Kuchen und Keksen.

Wer ausschert und Cappuccino mit Kuhmilch bestellt, wird dennoch nicht schief angeguckt. Es gibt im Café Rotkehlchen auch Wurst. Jeder soll hier glücklich werden.

42

STADTBAHNHALTESTELLE KÖRNERSTRASSE

Die Dorfstraße

KÖRNERSTRASSE
50823 KÖLN

Schmale Häuser, große Fenster, bunte Fähnchen: Die Körnerstraße ist die In-Straße des In-Viertels Ehrenfeld. Das zieht Besucher an, doch nicht jedem erschließt sich die Straße auf Anhieb. Meine Freundin Jessi, die hier seit vielen Jahren wohnt, stieß vor ihrem Haus einmal auf zwei ältere Kulturtouristen, die sich von einem Taxi hatten absetzen lassen. Sie mit edler Handtasche, er mit englischsprachigem Reiseführer in der Hand. Beide schauten sich hilfesuchend um. »Hier müssen doch die ganzen Galerien sein!« Jessi erklärte ihnen, dass es hier durchaus die eine oder andere Kunsthandlung gebe, aber womöglich nicht so schick, wie sie es sich vorstellten.

Wenn man hier nur durchhetzt, wird man kaum was Besonderes an der Straße finden. Es sieht ganz nett aus, aber das ist schon alles. Die wirklichen Schätzchen entdeckt man nur, wenn man sich Zeit nimmt.
Da ist zum Beispiel der Bunker, in dem kulturelle Veranstaltungen aller Art stattfinden. Eine Institution ist das Café Sehnsucht: gute Küche, alles biologisch, man kann hinten im Garten sitzen. Ein paar Schritte weiter dann Jessis Lieblingskneipe, die »Nachtigall«. »Es sieht aus wie Kreuzberg in den 80ern, eine richtige kleine Pretiose. Sehr entspannt, und du kannst dem DJ sagen, was er spielen soll.«

Das Konzept der Körnerstraße sei im Grunde, dass sie kein Konzept habe, meint Jessi. Alles ist möglich. Und dadurch wird man ständig überrascht. Die Kaffeerösterei Van Dyck etwa, sehr hip, sehr bekannt, liegt unmittelbar neben einer Kneipe, in der die Zeit seit den 50er Jahren still zu stehen scheint.
Ein Stück weiter ist der Vintage-Store »Kitsch deluxe« mit Mode, Möbel und Accessoires. Gleich danach folgt das nächste Highlight: Markthalle Tosun – Mittagsgerichte zum Mitnehmen, Köstlichkeiten für kleines Geld, Bratkartoffeln, Gulasch, Salat mit Ziegenkäse ...
IMI Winery veranstaltet gerade eine Weinprobe unter freiem Himmel. Typisch für die Körnerstraße sind Anwohner oder Ladeninhaber, die Stühle und Tische nach draußen gestellt haben und bei einem Kaffee oder einem Glas Wein miteinander plaudern. Dieses Gemeinschaftsgefühl hat wohl auch etwas mit dem Körnerstraßenfest zu tun, das im Juli stattfindet. Die Straße ist dann gesperrt, und draußen sitzen alle Leute an langen Tischen zusammen und frühstücken. Im Dezember folgt der ebenfalls weit über Ehrenfeld hinaus bekannte Weihnachtsbasar.

43

STADTBAHNHALTESTELLE PIUSSTRASSE

In der alten Parfümfabrik

EHEMALIGE 4711-FABRIK
BARTHONIA-FORUM
VOGELSANGER STRASSE 100
50823 KÖLN

»Jugend und 4711, die gehören zusammen. Beides ist Frühling, beides ist Frische, beides ist unbeschwerte Lebensfreude«, warb eine Blondine in den 50er Jahren vor einer Domkulisse im Fernsehen. 4711 Echt Kölnisch Wasser kam zu jener Zeit aus einer Fabrik in Köln-Ehrenfeld.

Inzwischen ist die Firma schon lange weitergezogen, aber die einstigen Firmengebäude sind erhalten. Sie sind von einer eleganten Leichtigkeit und ganz in den 4711-Farben Gold und Türkis gehalten. Gestalterischer Höhepunkt ist die in einem makellosen Halbrund endende ehemalige Lager- und Versandhalle. Klare Linien und verführerische Oberflächen spiegeln die Ästhe-

tik der jungen Bundesrepublik, eines Landes, das sich in jeder Hinsicht neu erfinden musste.
Heute sind Läden, Büros und Wohnungen in dem Komplex untergebracht. Es herrscht geschäftiges Treiben. Eine beliebte Adresse ist das Eiscafé San Marco.
In den umliegenden Straßen stößt man immer wieder mal auf eine architektonische Überraschung, etwa auf das Neptunbad, eine Badeanstalt im Jugendstil aus der Kaiserzeit, in der heute ein edles Spa und Gym untergebracht ist. Das bekannteste Bauwerk des Viertels ist die Zentralmoschee. Der Architekt Paul Böhm hat sie als Monument der Offenheit und Transparenz angelegt. Tagsüber erinnert sie von außen zwar eher an einen Atommeiler, doch abends verwandelt sie sich: Dann leuchtet das Innere auf, als ob im nächsten Moment die äußeren Betonschalen abfallen und eine glühende Kugel freigeben würden.
Das Innere ist beeindruckend schön, vor allem bei gutem Wetter. Dann scheint die Sonne durch die riesigen Fenster und lässt den Kuppelsaal mit seinen goldenen Wandverzierungen schimmern. Auf Socken läuft man über den meerblauen Gebetsteppich und staunt. Alle Besucher sind willkommen, ausdrücklich auch Nicht-Muslime. Die Moschee ist fast immer frei zu besichtigen. Für Gruppen werden Führungen organisiert.

Belgisches Viertel

44

STADTBAHNHALTESTELLE HANS-BÖCKLER-PLATZ / BF WEST

Treffpunkt der schönen Sportler

DER BASKETBALLPLATZ IM GRÜNGÜRTEL
LUDOLF-CAMPHAUSEN-STRASSE 22
50672 KÖLN

Fast jeden Tag komme ich am Basketballplatz im Grüngürtel vorbei, und fast immer wird dort gespielt. Es muss schon hageln, schneien oder frieren, um die Sportler vom Streetball fernzuhalten. Im Sommer sind die Körbe heiß umkämpft. Gleich daneben balancieren Slackliner, einige Schritte weiter gibt es einen Trimm-Parcours, einen Tennisplatz und einen Wasserspielplatz. Die Sportler können sich eines großen Publikums sicher sein, denn an schönen Tagen kommen Tausende zum Sonne-Tanken, Chillen und Grillen in den Grüngürtel. All das verdanken sie Konrad Adenauer.

Das Band von Park-, Wald- und Wiesenstücken, das heute die

ganze Innenstadt einschließt, war noch vor gut 100 Jahren der Festungsgürtel von Köln. Aufgrund seiner Nähe zum »Erbfeind« Frankreich war Köln gesichert wie keine andere Stadt im Deutschen Reich. Nach dem Ersten Weltkrieg mussten diese Verteidigungsanlagen gesprengt werden, und Oberbürgermeister Adenauer kam auf die Idee, hier einen riesigen Park anzulegen. Auch Kölner, die sich keine Reisen leisten konnten, sollten so die Natur erleben und Sport treiben können. Dafür lieben die Kölner ihn noch heute.

Köln ist Sitz der Deutschen Sporthochschule und darüber hinaus Heimat zahlloser nicht studierter Trainingsenthusiasten. Auf dem Basketballplatz geht es einerseits um den puren Spaß an der Bewegung, andererseits ist es aber auch eine Leistungsschau der schönen Körper. Man zeigt, was man hat: Sixpack, Bizeps und Latissimus dorsi. Mohammed ist so einer, der aussieht, als könnte er noch vor dem Frühstück einen Raketenangriff mit freiem Oberkörper abwehren. Seine Ballpartnerin Ouafaa ist fast jeden Tag hier. Die Wahlkölnerin ist Stuntwoman und Kickboxerin. »Ich wohne direkt um die Ecke und liebe es. Etwa 60 Prozent der Leute spielen jeden Tag hier, aber ich lerne auch immer neue Leute kennen.« Die Atmosphäre ist cool, jung und urban. Mitspielen kann jeder. Wenn man sich dafür zu alt fühlt, ist der Platz ein idealer Ausgangspunkt für einen Spaziergang durch den Grüngürtel. Beide Richtungen bieten sich an. Wenn man will, kann man stundenlang wandern – mitten durch die Großstadt, aber immer im Grünen. Und das ist ja dann allemal auch eine Form von körperlicher Ertüchtigung.

45

STADTBAHNHALTESTELLE HANS-BÖCKLER-PLATZ / BF WEST

Die kulinarischen Vorlieben des Doktor Biolek

RESTAURANT ACHT
SPICHERNSTRASSE 10
50672 KÖLN
MO-SA AB 18 UHR
WWW.RESTAURANT-ACHT.DE

Alfred Biolek bewegt sich mit Vorsicht. Ganz langsam. Er hat ja Zeit. Und er hat Scott. Scott Biolek-Ritchie, seinen Adoptivsohn. Der stützt ihn.

Behutsam lässt sich »Bio« in einen Stuhl sinken, den das Restaurant »Acht« immer für ihn bereithält – einen mit Armlehnen. »Die Acht«, wie sie im Viertel genannt wird, liegt direkt gegenüber dem Stadtgarten, Kölns ältester Parkanlage. Raue, unverputzte Wände mit gestapelten Paletten voller Weinflaschen bestimmen das Ambiente.

Für Alfred Biolek ist das Restaurant fast so etwas wie ein zweites Zuhause, denn er wohnt im Nachbarhaus. »Man sucht ja immer ein Lokal, das gut ist und

nicht allzu weit weg«, sagt er. »Dass man aber ein Lokal hat, das direkt im Haus daneben ist und außerdem noch ganz ausgezeichnet, das nenne ich einen Glücksfall.«

Sein Lieblingsessen in der Acht ist die Crème brûlée. »Das ist die beste in Köln«, versichert er. Bei den Hauptmahlzeiten nimmt er gern Risotto, das er früher auch selbst gekocht hat. »Die Gerichte wechseln aber auch, je nach Jahreszeit.« Das Konzept von Küchenchef Simon Kollmann ist einfach: »innovative regionale Gerichte mit französischen Akzenten«. Scott greift besonders gern bei den Vorspeisen zu. »Der Fisch ist vorzüglich hier, aber auch die Fleischqualität ist top. Und immer ganz frische Zutaten.«

Am liebsten sitzen sie an einem der Holztische vorn in der Ecke, damit Alfred das Treiben im Restaurant beobachten kann und die offene Küche im Blick hat. Auch seinen 80. Geburtstag haben sie 2014 hier gefeiert – mit 200 Gästen im Innenhof. Alle Speisen waren nach Rezepten aus Alfreds Kochbüchern zubereitet. Zu unserem Gespräch bestellt er sich wieder mal Crème brûlée. Als sie serviert wird und er zum ersten Mal gekostet hat, geht ein Leuchten über sein Gesicht. »Hmmmm! Lecker!« Genau wie damals im Fernsehen.

46

STADTBAHNHALTESTELLE MOLTKESTRASSE

Die Stammkneipe von Carolin Kebekus

LOW BUDGET
AACHENER STRASSE 47
50674 KÖLN
TÄGL. AB 18 UHR
WWW.LOWBUD.DE

Nirgendwo ist Köln so sehr Flaneur-Stadt wie an der Aachener Straße auf der Höhe von Salon Schmitz. Wenn man die Aachener dann aber auf der gegenüberliegenden Straßenseite Richtung Grüngürtel weitergeht, wird es weniger schick. »Davor ist alles Schickimicki, aber hier sind wir auf der dunklen Seite«, sagt Lothar Stöteknuel. »Wir liegen im Schatten.«

Lothar betreibt auf der Schattenseite seit über einem Vierteljahrhundert die Kneipe Low Budget, Beiname: Palast ewiger Jugend. Die Fassade ist mit Graffiti beschmiert, einladend sieht es wirklich nicht aus. Und doch hat das Low Kultstatus.

Carolin Kebekus ist hier Stamm-

gästin. Sie hat zwar selbst nie in der Nähe gewohnt, aber sie hatte immer Freunde »im Belgischen«. Ihr Bruder lebte früher nicht weit von hier, ein Freund gleich um die Ecke. »Da war das für uns die Kneipe, die am fußläufigsten war. Aber auch am coolsten. Vom Ambiente her ist es eben keine aufgesetzte Stylo-Bar, sondern das, was ich unter Kneipe verstehe. In Köln gibt es da noch das Backes, aber das hat eher Brauhaus-Atmosphäre. Das hier ist einfach eine Kneipe, wo man sehr lange bleiben kann.« In die Theke sind die Namen von ihr und ihren Freunden eingeritzt.
Mehrere ihrer Geburtstage hat sie schon hier gefeiert. »Ich hab im Mai Geburtstag, und da saßen wir oft draußen. Wenn mich tagsüber jemand anrief, um zu gratulieren, hab ich gesagt: ›Wir sind heute Abend im Low. Komm einfach, wenn du willst.‹« Reserviert hat sie nie, das geht auch gar nicht. Man kann höchstens ein Fässchen bestellen.
»Wenn Leute mich fragen: ›Wir sind für zwei Tage in Köln, wo kann man da hingehen?‹, dann sag ich immer: ›Ins Low.‹ Und die Leute sagen hinterher alle: ›Geil.‹ Das findet nie einer scheiße.«
Kann sich Carolin noch an besondere Nächte erinnern? »Ja, klar! Jeder ereignisreiche Moment in meinem Leben oder Freundeskreis, alles was gefeiert werden muss – immer landen wir hier. Sehr viele Dinge sind hier schon verhandelt worden. Wir haben tiefgründige Gespräche geführt, Trennungen verarbeitet, auf neugeborene Kinder angestoßen und wahnsinnig viel Blödsinn gemacht.«
Legendär sind die Karnevalspartys. »Zweimal ist Querbeat hier aufgetreten. Beim ersten Mal ahnte niemand was, und dann kamen sie plötzlich rein, als Überraschung. Raoul stand mit einem Bein in der Spüle, mit dem anderen auf der Theke. Und anschließend hat er Crowdsurfing gemacht. Da gibt es Fotos von – und ich kenne keine glücklicheren Menschen als auf diesen Bildern.«

Lothar beobachtet ab und zu, dass Carolin erkannt wird. Aber die wenigsten lassen es sich anmerken. »Wenn, dann sind das Touris. Den Kölnern ist es egal.« Die kommen eh fast jeden Tag irgendjemandem aus einer Vorabend-Soap auf der Straße entgegen. Umgekehrt sieht aber auch Carolin ab und zu mal jemanden, der ihr bekannt vorkommt. Dann überlegt sie kurz, bevor ihr einfällt: »Ach ja, der sitzt immer im Low an der Theke. Aber nie ein Wort mit ihm gesprochen.«

Lindenthal

47

STADTBAHNHALTESTELLE UNIVERSITÄTSSTRASSE

Hier konferiert Ralph Caspers im Regen

AACHENER WEIHER
UNIVERSITÄTSSTRASSE 100
50674 KÖLN

Ralph Caspers sitzt bereits auf dem Mäuerchen des Ostasiatischen Museums am Aachener Weiher, seinem Kölner Lieblingsort, und wartet. Ganz entspannt. Neben ihm steht eine knallrote Tasche.

Der Fernsehmoderator ist ein Zugezogener. »Ich habe mir nie Gedanken über die Stadt gemacht«, sagt er. »Außer: Mein Gott, ist das hässlich hier.« Richtig begeistert von Köln könne man eigentlich nur sein, wenn man seine Hässlichkeit liebe, findet er. Gleichwohl ist ihm die Stadt ans Herz gewachsen. »Es ist wie mit besonderen Gesichtern. Gesichtern, die nur eine Mutter lieben kann. So ungefähr ist es mit Köln. Und wenn man

dann hier wohnt und Freunde hat und Menschen, mit denen man viel Zeit verbringt, dann ist es einfach der Gesamteindruck, der zählt. Dann ist man eben hier zu Hause.«

Der Aachener Weiher wurde in den 1920er Jahren angelegt, als der ehemalige Festungsring von Köln auf Geheiß Konrad Adenauers zum Grüngürtel umgestaltet wurde. Der Weiher ist bei der Kölner Bevölkerung ungeheuer populär: An schönen Frühlings- und Sommerabenden ist es hier voll wie auf einer Haupteinkaufsstraße. Es wird dann gegrillt, getrunken und gefeiert.

Ralph Caspers mag am Aachener Weiher unter anderem das Museum für Ostasiatische Kunst, 1913 als erstes Spezialmuseum seiner Art in Deutschland eröffnet. »Ich finde, das strahlt so eine Ruhe aus. Es gibt auch guten Kuchen hier. Und es ist ganz toll, hier zu sitzen und auf den Aachener Weiher zu gucken, auch wenn das Wasser manchmal ein bisschen stinkt.« Während er das sagt, schwimmen hinter ihm gerade mehrere dicke Karpfen dicht unter der Oberfläche vorbei.

Sein Büro ist ganz in der Nähe, deshalb geht er oft hier spazieren. Auch beruflich. »Ich finde es total doof, im Sitzen Besprechungen abzuhalten. Die dauern dann meist auch so lange, wenn man sich's erst mal gemütlich ge-

macht hat. Und deshalb geh ich hier einfach durch die Grünanlage und spreche im Laufen. Meine Erfahrung ist, dass die Besprechungen dadurch viel kürzer werden. Vor allem bei Regen. Es ist erstaunlich, wie zielführend es ist, im Regen am Aachener Weiher zu konferieren.«
Träumt er davon, noch mal irgendwo anders zu leben, vielleicht in Hamburg oder München? »Nee, gar nicht. Wo ich's mir total gut vorstellen könnte, wäre zum Beispiel Paris oder London, aber deutsche Städte?« Er überlegt erneut kurz, den Blick in die Ferne gerichtet. »Nein«, beschließt er. »Ehrlich gesagt nicht. Komischerweise.« Und dann nach einer kleinen Pause: »Ich bin wohl doch ein bisschen enger mit Köln, als ich dachte.«

48

STADTBAHNHALTESTELLE MAARWEG

Der Wochenmarkt im Wald

WOCHENMARKT KITSCHBURGER STRASSE
50935 KÖLN
SA 7-13 UHR

Im Wald atmet man durch und kommt zur Ruhe. Vielleicht ist das der Grund dafür, warum man auf dem Wochenmarkt im Stadtwald so oft Menschen sieht, die miteinander plaudern. An der Kaffee-Ecke zum Beispiel. Oder vor dem Cupcake-Bike mit Anhänger. Dort sitzt Amy mit ihrem Hund Bean auf dem Schoß und unterhält sich auf Englisch mit der Verkäuferin.

Bean liebt den Wochenmarkt auf der durch den Stadtwald führenden Kitschburger Straße. Jeden Samstagmorgen schaut er Amy an, und seine Augen sagen: »Wurst!« Auf dem Markt stellt er sich dann vor dem Wurstwagen auf die Hinterbeine und bekommt etwas spendiert. Ihm

geht es also um die Wurst. Amy mag den Markt wegen der Leute. Auf dem Wochenmarkt ist eine Einkaufstour zugleich ein Waldspaziergang. Man holt sich richtig gutes Brot, dazu Käse und einen Cappuccino und setzt sich dann auf einen Baumstamm und picknickt. Das ist schon ziemlich genial. Dennoch war alles anfangs nur eine Notlösung: Der ursprüngliche Braunsfelder Wochenmarkt an der Aachener Straße musste wegen eines Bauvorhabens vorübergehend weichen. Nun stellte sich für die Händler die Frage: Wohin? »Irgendwann hatte ich den Geistesblitz«, erinnert sich Obst- und Gemüsehändler Matthias Krings. »Ich dachte mir: Moment mal – die Kitschburger Straße!« Die Stimmung bei den anderen war zunächst noch verhalten: »Da im Gebüsch? Da kommt doch keiner hin!« Krings wandte ein, wenn man das Ganze überzeugend gestalte und die Kunden auf dem Markt wirklich alles bekämen, was sie bräuchten, dann könne das schon klappen. »Dass es dann allerdings so einschlagen würde, das hätte ich auch nicht gedacht. Die Händlerzahl haben wir mittlerweile auf über 20 verdoppelt.«

Wenn er manchmal schon um drei Uhr morgens da ist, um seinen Stand aufzubauen, sieht er hin und wieder Füchse über die Straße wechseln: »Es ist schön, wenn der Wald morgens erwacht.« Cupcake-Verkäuferin Susanne Blankartz-Arslan kann das nur bestätigen: »Man steht da morgens und hört die Vögelchen zwitschern.« Ab und zu schwebt sogar ein Bussard mit einer Maus in den Krallen über die Stände hinweg. »Im Herbst ist es wunderbar, wenn die Feuchtigkeit aufsteigt und alles in Dunst gehüllt ist.« Und richtig romantisch wird es, wenn im Winter Schnee liegt.

49

STADTBAHNHALTESTELLE RHEINENERGIE-STADION

Günter Wallraffs Laufrevier

ADENAUER WEIHER IM STADTWALD
GUTS-MUTHS-WEG
50935 KÖLN

Der Adenauer Weiher liegt direkt hinter dem Rheinenergie-Stadion. Wenn der FC spielt, hört man am Seeufer die Fan-Gesänge. Sonst ist es eher still in diesem Teil des Stadtwalds. Das Naherholungsgebiet wurde – wie so vieles in Köln – in den 1920er Jahren von Oberbürgermeister Konrad Adenauer initiiert. Ausgehoben wurde der künstliche See von Erwerbslosen, es war eine Arbeitsbeschaffungsmaßnahme.

Vom Ausflugslokal Club Astoria geht der Blick über den Weiher. Die Wege rund um das Gewässer sind zu allen Jahreszeiten von Spaziergängern bevölkert. Vor allem aber sind sie ein bevorzugtes Revier der Kölner Jogger.

Einer von ihnen ist Günter Wallraff. Sein ganzes Leben schon ist er mit dem Adenauer Weiher verbunden

Sport hat immer eine große Rolle für ihn gespielt. Vor allem Laufen. Als Jugendlicher war er mal Drittbester über 1000 Meter in der Deutschen Jugendmannschaftsmeisterschaft. Später, als er eine Buchhändlerlehre machte und seine ersten Industriereportagen schrieb, rückte der Sport in den Hintergrund. Aber mit fast 40 Jahren begann er wieder zu trainieren. Andernfalls hätte er bei den verdeckten Recherchen für seinen Bestseller *Ganz unten* auch kaum einen 26 Jahre alten Arbeiter verkörpern können.

»Zum Meditieren bin ich zu unruhig, aber beim Laufen kann ich abschalten«, sagt er, »und mir kommen manchmal gute Ideen, rein assoziativ.« Vor allem aber erlebt er beim Laufen die Natur. Lange drehte er immer seine Runden um den Adenauer Weiher oder um den Decksteiner Weiher. Irgendwann war ihm das zu eintönig, und er eroberte sich nach und nach den ganzen Wald. »Der Stadtwald ist so vielfältig, da gibt es verschlungene Wege, auch Steigungen, Routen, auf denen man kaum einem Menschen begegnet. Und das ist schon erstaunlich, weil er doch mitten in der Stadt liegt.« Schlechtes Wetter kann ihn nicht schrecken: Egal ob Schnee, Eis oder Regen, er läuft los. Manchmal sogar nachts.

An einem Montagmorgen im Oktober treffen wir uns am Ufer des Sees. Es herrscht eine friedliche Stimmung: Im Wasser spiegeln sich die bunt gefärbten Bäume, einige Enten ziehen ihre Kreise. Eine Seniorengruppe macht gymnastische Übungen. Jogger kommen vorbei. Ein Ehepaar führt seinen Hund aus. Der Mann erkennt Günter Wallraff. »Bleiben Sie gesund«, sagt er zu ihm. »Wir brauchen Sie noch!«

50

STADTBAHNHALTESTELLE MELATEN

Grab mit Comedypreis

MELATEN-FRIEDHOF
AACHENER STRASSE 204
50931 KÖLN
WWW.MELATENFRIEDHOF.DE

Christoph Kuckelkorn ist Bestatter – und gleichzeitig Präsident des Festkomitees Kölner Karneval. Es kann vorkommen, dass er an ein und demselben Tag die Eltern eines gestorbenen Kindes betreut, eine Bestattung organisiert und dann den schwarzen Anzug mit dem Kostüm vertauscht, um zu einer Karnevalssitzung zu eilen. Makaber? Er kennt es nicht anders, er betreibt das Bestattungshaus in fünfter Generation. Als kleiner Junge spielte er zwischen den Särgen Verstecken. Und auch der Karneval hat in seiner Familie eine lange Tradition.

An einem wunderschönen Herbstmorgen zeigt er mir den Melaten-Friedhof. Es ist so früh,

dass wir fast allein sind. Christoph Kuckelkorn mag den Friedhof zu jeder Jahreszeit. »Es ist im Sommer schön, wenn alles so üppig ist. Es ist im Herbst schön, wenn das Laub sich verfärbt. Im Winter ist es toll, wenn sich eine Schneedecke über die Gräber legt. Und morgens, wenn ein bisschen Nebel über den Wegen liegt, ergibt das auch eine ganz besondere Atmosphäre.«

Die repräsentative Mittelachse des Friedhofs heißt im Volksmund »Millionenallee« – hier ruhen Fabrikanten, Bankiers und Verleger, die im Tod noch ihren Reichtum ausstellen. Genauso gibt es aber ganz verschwiegene, geheimnisvolle Ecken. In der Gestaltung der Gräber ist man sehr frei – auch hier ist Köln liberal. »Das bringt eine große Vielfalt und Individualität mit sich. Und das ist das, was die Menschen heute suchen. In einem solchen Grabdenkmal will man den Menschen wiederfinden, so wie er war. Deshalb ist es für viele wichtig, dass das ein besonderer Stein, ein besonderer Text, eine besondere gärtnerische Aufmachung widerspiegelt.«

Ein auffälliges Beispiel dafür ist das Grab des Komikers, Moderators und Schauspielers Dirk Bach, der 2012 im Alter von nur 51 Jahren plötzlich aus dem Leben gerissen wurde: Eine pinke Bank lädt zum Verweilen ein, auf dem Grab selbst stehen viele kleine Figürchen. Auch sein

Comedypreis ist dort verarbeitet. Darüber erhebt sich eine gewaltige, nahezu 250 Jahre alte Platane.
Viele Gräber erzählen Geschichten: Ein lebensgroßer Ziegenbock Hennes bewacht das Grab eines FC-Fans. Eine steinerne Stimmgabel erinnert an den Opernsänger Wolfgang Anheisser, der 1974 auf der Bühne zu Tode stürzte. Das Seil, an dem er von einem Balkon herabschweben sollte, war nicht festgemacht. Blumen blühen auf dem Grab der Nonne Maria Clementine Martin, die 1815 während der Schlacht von Waterloo Verletzte auf beiden Seiten pflegte und später den Heiltrank »Klosterfrau Melissengeist« erfand. Zu den vielen Prominenten, die auf Melaten ruhen, gehören der Fotograf August Sander, der Gewerkschaftsführer Hans Böckler, der Schriftsteller Heinz Günther Konsalik, der Maler Sigmar Polke, der FDP-Politiker Guido Westerwelle, die Sex-Beraterin Erika Berger und der Volksschauspieler Willy Millowitsch.
Natürlich weiß auch Christoph Kuckelkorn längst, wo er einmal seine letzte Ruhe finden wird: in der Familiengruft an einem der Hauptwege. Ein beruhigender Gedanke für ihn.

Sülz

51

STADTBAHNHALTESTELLE ARNULFSTRASSE

Der Herr der Spiele

Der Kölner Stadtteil Sülz soll eine höhere Kinderdichte haben als der Berliner Prenzlauer Berg. Das Viertel ist bei jungen Eltern besonders gefragt, denn es gibt schöne Wohnstraßen mit alten Häusern und sehr viel Grün dazwischen. Hier befindet sich der »erste Wissenschafts-, Natur- und Technikladen für Kinder«: Nautilus. Er liegt, beschattet von einigen Bäumen, direkt gegenüber der Kirche St. Nikolaus, einem ganz Sülz überragenden Monumentalbau aus der Kaiserzeit.

Das Nautilus, gegründet von Sascha Hoppenrath, ist ein Schmuckstück. Auf den ersten Blick sieht es aus wie ein besonders schöner Spielzeugladen.

NAUTILUS
LOTHARSTRASSE 36
50937 KÖLN
MO-FR 10-18.30 UHR, SA 10-15 UHR
WWW.NAUTILUS-KOELN.DE

Aber auf den zweiten könnte es auch der Shop eines Wissenschafts- oder Naturkundemuseums sein. In der Ecke wacht ein Gerippe, unter der Decke reißt ein Raubsaurier-Skelett das Maul auf. Eine rote Rakete scheint startbereit, und Kapitän Nemos Tiefseeschnecke Nautilus ist fertig zum Abtauchen. Die Roboter-Handpuppe Nemo 2.0 ist eine Art Maskottchen des Geschäfts.

Hauptzielgruppe sind Sechs- bis Fünfzehnjährige. Aber auch Studenten entdecken das Spielen und Tüfteln oft wieder, wie Sascha Hoppenrath festgestellt hat. Das Geschäft ist in drei Bereiche unterteilt: Spiele, Wissenschaft und Outdoor. Im Wissenschaftsbereich finden sich unter anderem Experimentier-, Chemie- und Elektrokästen, aber auch witzige Technikspielereien wie Krabbelroboter oder Seifenblasenmaschinen. Und dann Insektengläser, Becherlupen, Mikroskope, Haifischzähne, Fossilien ... Die Spiele-Auswahl ist riesig. Und aus sicherer Quelle im Viertel ist zu erfahren: Sascha Hoppenraths Empfehlungen treffen immer ins Schwarze. Nicht nur für Kinder eine Entdeckung ...

52

STADTBAHNHALTESTELLE SÜLZBURGSTRASSE

Krickelkrakel auf Papiertischdecken

GALERIE WILHELM SCHLOTE
LUXEMBURGER STRASSE 264
50937 KÖLN
DI–FR 16–19 UHR

Die Galerie von Wilhelm Schlote ist ein Tipp meiner Freundin Petra. Erster Eindruck: Sie wirkt nicht steril oder elitär wie so viele andere, sie sieht eher aus wie ein Geschäft. Im großen Schaufenster sind einige Werke ausgestellt, andere lehnen drinnen an der Wand, auf dem Boden liegen Drucke. Von dienstags bis freitags ist geöffnet. Dann sitzt der Künstler am Zeichentisch, arbeitet und unterhält sich mit Besuchern. Er ist eine flamboyante Erscheinung mit langem, weißem Haupthaar und sonorer Stimme. Sein Malstil ist von einer unprätentiösen Leichtigkeit. Sein Symbol ist das Strichmännchen, er selbst spricht von Krickelkrakel.

Petra hat Schlote in einem Café kennengelernt. Einige Zeit danach machte sie Urlaub in Palma de Mallorca und besichtigte dort das Atelier von Joan Miró. In einem Nebengebäude fielen ihr einige Farbkleckse auf, die der 1983 gestorbene Maler auf dem Boden hinterlassen hatte. »Ich kam mir sofort vor wie in einem Bild von Wilhelm Schlote«, erinnert sie sich. Sie fotografierte das Klecks-Stillleben und zeigte es nach ihrer Rückkehr dem Künstler. Der verstand sie sofort: »Ich fand es großartig. Bis heute habe ich es immer auf meinem Zeichentisch liegen.« Im Gegenzug zeichnete er für sie *Hommage à Petra et Miró*. Statt herkömmlicher Farben verwendete er Kaffee.

Dazu hatte ihn die Angewohnheit vieler Franzosen angeregt, mit dem Espressolöffel kleine Zeichnungen auf die Papiertischdecken der Cafés und Bistros zu kritzeln. Die schönste Ausstellung, die er je gesehen hat, war eine Sammlung solcher Papiertischdecken in einer kleinen Galerie in Paris. »Die *Nappe en papier* ist für mich neben der Kinderzeichnung das Lebendigste, was es gibt«, sagt er. Wilhelm hat 20 Jahre in Paris und 15 Jahre in Nizza gelebt und dort oft mit Freunden auf Papiertischdecken gezeichnet. Seine Frau Moni wollte dann irgendwann zurück nach Deutschland. Und so kam er nach Köln.

Südstadt und Bayenthal

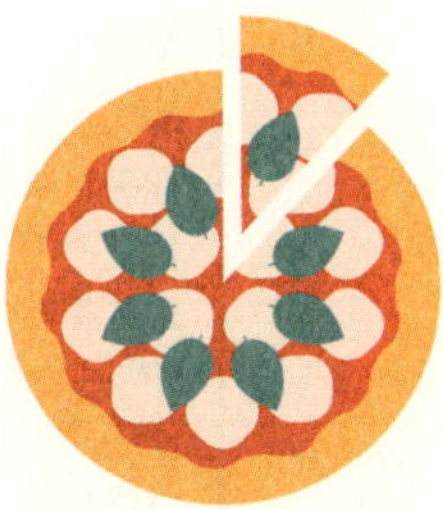

53

STADTBAHNHALTESTELLE CHLODWIGPLATZ

Das Karnevalstor

Wie eine Filmkulisse ragt die Severinstorburg zwischen den Kölner Nachkriegsbauten auf. Mit ihren Zinnen und dem hochgezogenen Fallgitter sieht sie aus wie eine Ritterburg. Und tatsächlich ist sie so etwas Ähnliches: Als eines der schwer befestigten Stadttore schützte sie das mittelalterliche Köln, die damals bevölkerungsreichste Stadt in deutschen Landen mit der größten aller Stadtmauern. Könige und Prinzessinnen sind hier empfangen worden, Ritterturniere wurden abgehalten. Das Tor ist also keine Kulisse, sondern echtes Mittelalter. So etwas hat keine andere Millionenstadt in Deutschland zu bieten.

Erst zur Bismarck-Zeit musste

SEVERINSTORBURG
CHLODWIGPLATZ 2
50678 KÖLN

die Stadtmauer weichen, wobei das repräsentative Tor stehenblieb. Heute kann man im Inneren heiraten und Partys feiern. Direkt dahinter an der Severinstraße 1 befindet sich das Haus, in dem BAP-Sänger Wolfgang Niedecken aufgewachsen ist. Vom Fenster seines Kinderzimmers aus blickte er direkt auf die Severinstorburg. Er hat sie damals so oft gezeichnet, dass er schließlich auswendig wusste, wie viele Fenster und Zinnen sie hatte. Weil die Oma seines besten Freundes Hausmeisterin der Burg war, durften sie sogar darin spielen. Bei gutem Wetter konnten sie von oben das Siebengebirge erkennen.

Einen ganz besonderen Platz im Herzen der Kölner hat die Severinstorburg deshalb, weil von hier aus der Rosenmontagszug startet. Die 12000 Teilnehmer, 25 großen Persiflage-Wagen und 60 übrigen Festwagen müssen alle durch dieses Nadelöhr. Wenn die vordersten Gruppen siebeneinhalb Kilometer weiter den Zielpunkt erreichen, sind die letzten an der Severinstorburg noch gar nicht losgezogen. Ganz am Ende kommt der Prinzenwagen – und dahinter die Müllabfuhr.

Während beim Rosenmontagszug nur Mitglieder der Karnevalsgesellschaften mitmachen, können sich an den Schull- un Veedelszöch am Karnevalssonntag auch andere Kölner beteiligen. Allerdings darf man sich das nicht zu einfach vorstellen. Voraussetzung ist, dass Sohn oder Tochter eine Kölner Schule besuchen, die bei den Schull- un Veedelszöch mitmacht. Unmittelbar nach dem Ende der Sommerferien beginnen die Vorbereitungen. Am Tag des Umzugs ist der Stress groß. Die Lage verkompliziert sich dadurch, dass das Aufsuchen einer Toilette während des Zuges nicht möglich ist. Aus diesem Grund bekommen die Kinder vorsorglich nichts zu trinken. Dabei liegen vor den vier Stunden Zugweg noch etwa zwei Stunden Wartezeit am Tor.

Warum um alles in der Welt nimmt man das auf sich? Darauf gibt es nur eine einzige Antwort: Vier Stunden an Hunderttausenden von Gesichtern vorbeizuziehen, die einen anlachen und anspornen – das ist ein unglaubliches Erlebnis, das sonst nur Top-Sportlern zuteilwird. Und darum tun viele Kölner alles dafür, um nächstes Jahr wieder vor der Severinstorburg zu stehen.

54

STADTBAHNHALTESTELLE CHLODWIGPLATZ

Pizza in der nördlichsten Stadt Italiens

ANTICA PIZZERIA NENNILLO
SEVERINSWALL 22
50678 KÖLN
TEL: 0221 20 193 556
WWW.ANTICA-PIZZERIA-NENNILLO-KOELN.DE

Eigentlich ist es eine Zumutung. Wir sitzen auf wackligen Holzstühlen auf dem schmalen Gehweg, einer von uns sogar auf der Straße. Um uns herum jede Menge Leute. Die einen warten auf Bestellungen, die anderen darauf, dass wir endlich gehen und sie einen Tisch bekommen. Aber dann wird aufgetragen – und alles ist vergessen. Denn diese Pizza ist einfach einzigartig fluffig und knusprig und zeichnet sich auf dem dicken Rand durch ein wunderbares Leopardenmuster aus.

Bei Nennillo geht es authentisch zu. Das Personal kommuniziert auf Italienisch, aber es werden nicht viel Worte gemacht. Jeder Schnickschnack wird vermie-

den. Zu den wenigen Ziergegenständen gehören eine Mutter Gottes auf dem Tresen und einige Plakate italienischer Filmklassiker an den Wänden. Die Pizzeria befindet sich im Herzen der Südstadt: Am einen Ende der Straße kann man noch ein Stück der Severinstorburg erkennen, am anderen ragt ein merkwürdiger Turm auf, die Anmutung geht in Richtung Isengard *(Herr der Ringe)*. Es handelt sich um die Bottmühle, eine steinerne Turmwindmühle aus dem 17. Jahrhundert, allerdings ohne Flügel und deshalb nicht als solche zu erkennen.

Köln, das vor 2000 Jahren als römische Kolonie begann, lässt sich aufgrund der ihm nachgesagten Lässigkeit gern als »nördlichste Stadt Italiens« feiern. Schon in den 1960er Jahren verfügte die Stadt über eine reiche Auswahl an italienischen Restaurants, recht bald auch im gehobenen Segment. Zum besseren Verständnis wurde die Pizza anfangs als »Pfannkuchen aus Tomaten, Zwiebeln, Anchovis« beworben. Der nur wenige Fußminuten von Nennillo entfernte Zugweg mit der legendären Bar Formula Uno verwandelt sich bei Welt- und Europameisterschaften in ein grün-weiß-rotes Fahnenmeer. Dann feiern hier die Enkel der ersten Gastarbeiter-Generation. Sie sprechen Deutsch mit kölschem Akzent. Wie gut ihr Italienisch ist, bleibt ihr Geheimnis.

55

STADTBAHNHALTESTELLE EIFELPLATZ

Ein Sommernachtstraum

In Köln kann es im Sommer drückend schwül werden. Es herrscht ein Treibhausklima. An einem solchen Abend fahre ich mit dem Rad zum Orangerie Theater in den Volksgarten. Gänse haben sich auf der Liegewiese niedergelassen und stolzieren dort wie selbstverständlich unter turtelnden Liebespaaren und Schlafenden herum.
Das Orangerie Theater ist selbst ein Verwandlungskünstler. Es begann im 19. Jahrhundert als Teil der Stadtbefestigung, dann bewährte es sich als Villa des Kölner Gartenbaudirektors, um nach dem Krieg viele Jahre lang als städtische Gärtnerei Dienst zu tun. 1990 wurde das Theater von einem Künstlerkollektiv

ORANGERIE THEATER
VOLKSGARTENSTRASSE 25
50677 KÖLN
WWW.ORANGERIE-THEATER.DE

gegründet, seit 2007 wird es öffentlich gefördert. Künstlerischer Leiter ist seit 2012 Marko Berger. Das Orangerie Theater kooperiert mit etwa 30 freien Kölner Gruppen und ist Zentrum für diverse Festivalformate, bei denen auch internationale Produktionen gezeigt werden. Auf die flexible Raumbühne gelangen im Wechsel Theater, Tanz und Performance oder eine Mischung aus allem, Crossover. Marko Berger hält alles zusammen. Er ist ausgebildeter Schauspieler, hat aber auch als Banker gearbeitet, eine seltene Kombination im Kulturbetrieb. Im *Sommernachtstraum* stellen die Handwerker zwar ein Theaterstück auf die Beine, aber die kreative Fantasie haben nicht sie, sondern die Elfen und anderen Naturwesen, deren Zauber allerdings Chaos kreiert. Ein gutes Theater braucht beides: funktionierende Strukturen und visionären Gedankenflug.

Bis 2016 konnte man im Orangerie Theater nur von Frühjahr bis Herbst spielen, im Winter war es zu kalt. Dann wurde das Dach isoliert, und plötzlich waren sogar minus zehn Grad kein Problem. Im Sommer hat es natürlich seinen besonderen Reiz. Dann stehen die Zuschauer anschließend oft noch bis spät in die Nacht im Grünen und diskutieren über Gott und die Welt.

Das Theater hat eine für die

freie Szene beachtliche Auslastung von 80 Prozent. Die Tickets kosten zwischen 12 und 19 Euro. Köln-Pass-Inhaber erhalten ihr Ticket für fünf Euro. In den nächsten Jahren soll das Gebäude im laufenden Betrieb in Etappen saniert und ausgebaut werden. Statt wie bisher 90 soll es dann 190 Zuschauer fassen können. Man wird den Saal auch durch einen anderen Eingang betreten. Marko Berger will eine Art Irrgarten schaffen, bei dem man nicht mehr genau weiß, wo man sich genau befindet, wenn man in der Pause aus dem Saal in den Innenhof tritt.

Auf dem Rückweg verfahre ich mich, was mir schon lange nicht mehr passiert ist. Nach einer Viertelstunde lande ich wieder im Volksgarten. Ein Insektenschwarm fliegt mir ins Gesicht, was sich anfühlt wie das Antippen von hundert kleinen Spinnenfingern. Mittlerweile zieht ein Gewitter auf. Die Schlafenden sind erwacht, die Liebenden entschwunden und die Gänse ... die habe ich mir doch wohl nicht nur eingebildet?

56

STADTBAHNHALTESTELLE SCHÖNHAUSER STRASSE

Beim Eisprofessor

IL GELATO DI FERIGO
GOLTSTEINSTRASSE 32
50968 KÖLN
DI-SO 12-21 UHR

Dieser Abschnitt ist empirisch unterbaut. Zusammen mit meiner engsten Familie und meinem alten Freund Jörg habe ich über Jahre hinweg die bedeutendsten Kölner Eissalons getestet. Die Sieger unserer Ice Cream Competition waren das »Liliana« an der Subbelrather Straße, »die Eisdielerin« an der Venloer Straße und »Il Gelato di Ferigo« in Bayenthal. Letzteres ist wenig überraschend, denn dieser Salon führt seit Jahren zahlreiche Rankings an. Das Publikum ist so gemischt wie die Eissorten: Dazu gehören Weinbergpfirsich, Orange-Basilikum, Sauerrahm-Kresse und Gewürz-Ingwer. Neben solchen ausgefallenen Kreationen gibt es aber auch alle Klas-

siker von Zitrone bis Amarena. Ein Löffel im Mund, und schon läuft ein Film ab mit Fischerbooten am Strand, Vespafahren und Händchenhalten auf der Piazza. Oft bildet sich vor dem Eissalon eine lange Schlange. Dass die kühle Kost hier so gut ist, hat einen ganz bestimmten Grund: Inhaber Giacomino Ferigo hat sich vor über 20 Jahren auf seine Wurzeln besonnen und lange vor anderen Mitbewerbern auf Bio umgestellt. »Ich komme aus einer Bauernfamilie«, erzählt er. Der Hof lag in der Nähe von Triest. »Wir hatten Kühe und Hühner, haben Milch und Käse produziert. Wir waren Selbstversorger. Und wir haben eigentlich nie etwas weggeworfen.« Davon ausgehend, setzt er auf natürliche Zutaten, verzichtet auf künstliche Aromen und Farbstoffe. Wenn man sich mit ihm unterhält, versteht man schnell, warum er der »Eisprofessor« genannt wird: Er weiß einfach alles über probiotischen Joghurt und vegane Eisproduktion. »Man kann sich da verlieren«, räumt er ein. Seine persönliche Lieblingssorte? »Gibt es nicht. Immer das, was die Saison bietet.«

Deutz und Mülheim

57

BAHNHOF KÖLN MESSE / DEUTZ

Der beste Blick

KÖLNTRIANGLE
OTTOPLATZ 1
50679 KÖLN
1. OKT.-30. APR MO-FR 12-20 UHR,
SA, SO 10-20 UHR; 1. MAI-30. SEPT
MO-FR 10-23 UHR, SA, SO 10-23 UHR.
EINTRITT 3 EURO, KINDER BIS
12 JAHRE FREI
WWW.KOELNTRIANGLEPANORAMA.DE

Über 100 Meter hoch liegt die Aussichtsplattform des KölnTriangle, dessen Name sich von seinem dreieckigen Grundriss ableitet. Von hier hat man den besten Blick auf das linksrheinische Stadtpanorama. Beherrscht wird die Kölner Skyline vom Dom, der noch immer alles andere weit überragt, weil in der Innenstadt keine Hochhäuser gebaut werden dürfen – jedenfalls war das bisher so, der Stadtrat ist leider dabei, von dieser Linie abzurücken. Unterhalb des schwarzen Kolosses breitet sich die Stachelsilhouette der romanischen Kirchtürme aus. Köln zählt zwölf große romanische Kirchen, die alle noch weit älter sind als der gotische Dom. Wiederum ein Niveau darunter liegen die spitzgiebeligen Dächer der Bürgerhäuser. Auch das gewellte Zinkdach des Museums Ludwig ist eine Reminiszenz an die Kaufmannshäuser, von denen die meisten im Bombenhagel untergingen.

Aus der Distanz hat Köln etwas Erhabenes. Man spürt das Alter dieser westlichsten deutschen Metropole: 2000 Jahre. Die Geschichte Kölns kann man nicht ohne tiefes Luftholen erzählen, denn sie beginnt mit Agrippa, dem Feldherrn des Kaisers Augustus und Freund des biblischen Königs Herodes. Agrippa siedelte im Jahr 19 vor Christus das römerfreundliche germanische Volk der Ubier auf das linke Rheinufer um …

Der KölnTriangle steht auf der Schäl Sick, der »falschen Seite« Kölns, im Stadtteil Deutz. Zur Römerzeit war hier Barbarenland. In der frühen Neuzeit herrschte am rechten Rheinufer Glaubensfreiheit, gegenüber war nur der Katholizismus erlaubt. Zu Napoleons Zeit gehörte Deutz zu Deutschland, das linksrheinische Köln dagegen zu Frankreich. »In Deutz fängt der Bolschewismus an«, soll Konrad Adenauer gesagt haben, wenn er auf die rechte Rheinseite musste; nach seinem Gefühl war er da fast schon auf dem Weg nach Sibirien. Alexander Gerst ließ sich einmal kurz vor einer neuen Weltraummission im Europäischen Astronautenzentrum im rechtsrheinischen Stadtteil Porz interviewen. Am Ende fragte er den Reporter, wo denn dessen Redaktion liege: »Nur einmal über den Rhein«, sagte der. Worauf Gerst erwiderte: »Da haben Sie's ja weiter als ich!«

Noch heute sind die Immobilienpreise rechtsrheinisch deutlich niedriger. Doch die Schäl Sick ist groß im Kommen. Hier befindet sich zum Beispiel das Bootshaus, das selbst das Berliner Berghain in einer Rangliste der Top 100-Clubs überholt hat. Das internationale Fachmagazin DJ Mag kürte das Bootshaus 2019 zum coolsten Musikclub Deutschlands – auf der Weltrangliste belegte es Rang 8. Das Bootshaus liegt auf einem abgelegenen Werftgelände, doch auf dem Parkplatz stehen an heißen Sommerabenden Autos mit Kennzeichen aus Berlin, Luxemburg oder Frankreich.

Auf der Aussichtsplattform des KölnTriangle versteht man die Worte des französischen Schriftstellers Victor Hugo: »Besser in Deutz wohnen und Köln sehen als in Köln wohnen und Deutz sehen.«

58

STADTBAHNHALTESTELLE KEUPSTRASSE

Die Märchenbäckerei

FEINKONDITOREI ÖZDAG
KEUPSTRASSE 84
51063 KÖLN
TÄGL. 10-22 UHR
WWW.HASAN-OEZDAG.COM

Eines meiner Lieblingswörter als Kind war *Zuckerbäckerei*. Es kommt sowohl bei den Brüdern Grimm vor als auch in den *Märchen aus 1001 Nacht*. Ich malte mir dazu ein Geschäft aus, das vor lauter Sahnetorten, doppellagigen Erdbeerkuchen, Schokoladengebäck und Keksen mit Zuckerperlbesatz geradezu aus den Nähten platzt. Inmitten dieser Leckereien thronte in meiner Vorstellung ein dicker Mann mit buschigem Schnäuzer. Die Feinkonditorei Özdag in Köln-Mülheim kommt dieser Fantasie sehr nahe, allerdings mit dem Unterschied, dass hier eine strahlende, enorm herzliche Frau hinter dem Tresen steht: Zülya Özdag.
Es kann auch passieren, dass man

ihre Schwester Hülya antrifft oder ihren Bruder Servet. »Wir sind sieben Geschwister. Ich habe zwei ältere Brüder, zwei jüngere Brüder, eine ältere und eine jüngere Schwester, und wir sind alle irgendwie in den elterlichen Betrieb mit integriert.«
Vater Hasan Özdag ist 1971 aus der Türkei nach Deutschland gekommen. Nur mit einem Koffer in der Hand. Er arbeitete in einer Textilfabrik, die aber irgendwann pleiteging. Daraufhin begann er, mit Hefeteig-Kringeln zu handeln. »Er ist mit seinem Fahrrad von Tür zu Tür gefahren und hat geguckt, wo türkische Namen standen«, sagt Zülya. »Da hat er geklingelt und hat gesagt: ›Der Süßwarenhändler ist da!‹« Das lief so gut, dass er schließlich, unterstützt von seiner Frau Aliye, ein Geschäft eröffnen konnte: die heutige Feinkonditorei in der Keupstraße.
Die Kinder haben den elterlichen Betrieb ausgebaut. Es gibt nun mehrere Standorte. Im Geschäft in der Keupstraße gibt man die Torten in Auftrag. Sie werden ganz individuell gestaltet, zum Beispiel mit Marvel-Helden obendrauf. In der Niederlassung in der Gisbertstraße in Köln-Stammheim kann man bei der Herstellung der Torten zuschauen. 2007 waren die Özdags Protagonisten einer eigenen Doku-Reihe im WDR-Fernsehen. Die Regisseurin Ute Diehl musste eigentlich nichts anderes tun, als

die Familie im Alltag zu filmen, denn im halben Dutzend sind die Özdags lustiger als jede Comedy-Truppe. Kultstatus erwarb die Folge, in der Nebil Özdag zusammen mit seinem Bruder Uzay Backwaren ausliefert und auf der Autofahrt in einem fort und textsicher deutsche Schlager singt.
Schon lange werden die mehrstöckigen Torten nicht mehr nur an türkische Hochzeitsgesellschaften geliefert: »Wir haben manchmal Torten, auf denen in zehn verschiedenen Sprachen ›Herzlichen Glückwunsch‹ steht. Das ist das Spannendste an unserem Beruf, dass wir in unserem kleinen Geschäft so viele Nationen miteinander verbinden.«

Weit weg vom Dom

59

STADTBAHNHALTESTELLE WEIDEN RÖMERGRAB

Abstieg ins Totenreich

DAS RÖMERGRAB KÖLN-WEIDEN
AACHENER STRASSE 1328
50859 KÖLN

DO 10-13 UHR, SA 10-13 UHR, SO 14-17 UHR. EINTRITT 5 EURO, ERMÄSSIGT 3,50 EURO
WWW.ROEMERGRAB.DE

Mit jeder Stufe wird es kühler. Dämmerlicht umfängt die Besucher. Dann tut sich die Kammer auf. Die Farben des 21. Jahrhunderts sind von diesem Ort verbannt. Es gibt nur Grautöne. Kein Informationsblatt, kein Hinweisschild. Nur uraltes Gestein. Es ist kein Ort für die Lebenden, dieses Römergrab in Weiden.

Der erste Blick fällt auf einen reich verzierten Sarkophag mit verschobener Grabplatte. Ist da jemand ausgestiegen? Man hat das Gefühl, beobachtet zu werden. Und tatsächlich: Zwei Frauen und ein Mann haben uns im Blick. Die eine Frau hat den Mund sogar etwas geöffnet, als wollte sie gleich etwas sagen.

Alle drei sehen aus wie Menschen von heute; ihre Kleidung ist nur angedeutet, und ihre Frisuren wirken in keiner Weise altertümlich. Von den Büsten wird angenommen, dass sie die reiche Gutsbesitzerfamilie darstellen, die das Grabmal im 2. Jahrhundert errichten ließ. Vielleicht waren es Vater, Mutter und Tochter.

Die Büsten sind makellos erhalten. Dass noch alle Nasen und Ohren dran sind, liegt daran, dass das Grab unentdeckt und wohl temperiert die Epochen überdauerte. Jahr für Jahr, Jahrhundert für Jahrhundert standen sie hier unten, die drei Köpfe und der Sarkophag, während oben die Weltenläufe über sie hinweggingen. In der Grabkammer dagegen immer nur Kühle, Dunkelheit und Stille. Haben sie ausgeharrt, haben sie gewartet? Sie waren einfach nur da. 1843 dann die zufällige Entdeckung: Ein Fuhrmann hatte Ausschachtungsarbeiten für einen Anbau vorgenommen.

Das Unglaublichste sind zwei Sessel – Korbsessel mit Sitzkissen. Ihr Design unterscheidet sich in nichts von heutigen Modellen. Nur sind sie nicht aus Korbgeflecht, sondern kunstvoll aus Kalkstein nachgebildet. Sitzkomfort im Jenseits.

60

BUSHALTESTELLE GREMBERG

Die Lebenskünstler von Gremberg

GREMBERGER WÄLDCHEN
IM GREMBERG
51107 KÖLN

MIT BUSLINIE 153
FÜR AUTOFAHRER: UNTERHALB DER ÖSTLICHEN ZUBRINGERSTRASSE GIBT ES EINEN KLEINEN PARKSTREIFEN AM EINGANG DES STRÄSSCHENS IM GREMBERG.

Das Gremberger Wäldchen wird ringsum von Bahntrassen und Autobahnen eingekesselt. Entweder man hört das schrille Quietschen und Rattern der Züge oder das Rauschen der Autos. Mit Kopfhörern auf den Ohren könnte man sich hingegen in einer Wildnis wähnen. Denn ringsum erheben sich uralte Baumriesen. Das Gremberger Wäldchen war mal ein großer, tiefer, wilder Wald – und der allerletzte Rest, der davon übriggeblieben ist, ist immerhin noch das älteste Stückchen Wald in ganz Köln. Hier überdauern Buchen, die nach offiziellen Angaben der Stadt 300 bis 400 Jahre alt sind. 400 Jahre – das wäre frühes 17. Jahrhundert. Galileo Galilei,

Rembrandt, Shakespeare ... Und hier Lebewesen aus dieser lang versunkenen Epoche: Uralt-Bäume mit ihren dicken grauen Stämmen und dichten Kronen. Sie saugen Wasser ein und fangen Licht auf, stehen in Kontakt mit der Außenwelt. Die Bäume im Gremberger Wäldchen wurzeln in der Frühen Neuzeit und recken sich ins dritte Jahrtausend.

Im Sommer, wenn sich das Blätterdach geschlossen hat, ist das Gremberger Wäldchen dunkel und kühl. Gleichzeitig kann man weit durch den Wald hindurchschauen, denn die dichten Baumkronen lassen so wenig Licht durch, dass auf dem Boden nur spärlich Sträucher und Büsche wachsen. Eine Ausnahme sind die Buschwindröschen, die den Boden jedes Jahr im März in ein weißes Blütenmeer verwandeln. Sie blühen, kurz bevor die Buchen ihre Blätter bekommen. Das Wäldchen ist dann auch von einem wunderbaren Duft erfüllt: dem Duft der Vogelkirsche, die es hier und dort geschafft hat, sich ihren Platz zwischen den Buchen zu erkämpfen.

So wie im Gremberger Wäldchen muss Köln vor der Besiedlung ausgesehen haben. Laubwald – Buchen und in etwas geringerem Maße Eichen – bedeckte damals die Landschaft. Buchen sind am besten an das feucht-gemäßigte Klima Mitteleuropas angepasst – jedenfalls war das so bis zur Klimaerwärmung. Mittlerweile leiden viele Buchen unter Dürreperioden und infolge davon unter Pilzen und Insekten.

Ein ursprünglicher Buchenbestand wie im Gremberger Wäldchen ist heute sehr selten. Dass er sich hier erhalten hat, war zunächst reines Glück und dann, seit etwa 1900, auch Wille der Stadt, die hier ein Naherholungsgebiet für die Arbeiter in den angrenzenden Vierteln schaffen wollte. Dieser Entschluss bewahrte den Wald nicht davor, im Verlauf des 20. Jahrhunderts mehrfach zerteilt zu werden – durch die Bahngleise und durch die Autobahnen 4 und 559, die sich im Kreuz Gremberg überschneiden.

Die Menschen aus der Umgebung lieben das Wäldchen trotzdem. Man trifft sie auf den Wegen: Spaziergänger, Jogger und Hundefreunde. Auch die Stadt bemüht sich verstärkt um den Schutz des alten Baumbestands. So wird die Standfestigkeit der Gremberger Lebenskünstler am Ende vielleicht doch noch belohnt.

61

BAHNHOF TROISDORF

Mit Guido Cantz durch die Wahner Heide

WAHNER HEIDE
MAUSPFAD 3
53842 TROISDORF

VOM BAHNHOF TROISDORF MIT BUSLINIE 506 BIS HALTESTELLE ALTENRATH MITTE
WWW.WAHNERHEIDE.NET

Die Sonne scheint, die Heide blüht. Und Guidos blonder Haarschopf leuchtet. Weil Guido Cantz ein Kölner durch und durch ist, haben wir auch ihn nach seinem Lieblingsort gefragt. Seine Wahl: die Wahner Heide, das artenreichste Naturschutzgebiet Nordrhein-Westfalens. Es erstreckt sich im Südosten von Köln bis nach Rösrath, Lohmar und Troisdorf.

Wir haben Riesenglück mit dem Wetter. Mitten im September ist es noch mal richtig warm, aber nicht heiß. Und niemals sonst ist der Himmel so blau. Über kurvige Waldwege erreicht man den Treffpunkt, den kleinen Parkplatz des Forsthauses Telegraph und der Waldwirtschaft Heide-

könig, die schon knapp auf Troisdorfer Gebiet liegen. Kurz darauf ist auch Guido Cantz da – gut gelaunt und entspannt.

Das Forsthaus sei ein richtig gutes Restaurant, und den Heidekönig könne man sich auch in einem Urlaubsgebiet in Bayern vorstellen, sagt er. Er muss es wissen, denn er kennt sich hier aus. Er hat es nicht weit: Die Wahner Heide gehört zu Köln-Porz, und das ist der Stadtbezirk, in dem Guido Cantz geboren wurde und bis heute wohnt. »Ich muss die Porzer Fahne immer etwas hochhalten, denn leider werden wir oft sehr stiefmütterlich behandelt«, sagt er. »Wir sind eben ziemlich weit weg vom Kölner Dom.«

Er bleibt stehen, bückt sich und hilft vorsichtig einem auf dem Rücken liegenden Käfer auf die Beine. Wir laufen durch einen Eichenwald, dessen Boden mit Farn bestanden ist. Wie Scheinwerferstrahlen fällt das Septemberlicht durch die Baumwipfel. Der kleinste Windhauch reicht jetzt, und es hagelt Eicheln aus den Kronen.

Es gibt noch einen guten Grund, warum Guido Cantz in Porz bleibt: Fast alle seine Freunde wohnen dort. Die kennt er noch von früher. Aus der Schule oder vom Fußball. Einige sind durch Kindergarten oder Schule seines Sohns dazugekommen. »Klar, so tolle Immobilien wie in Marienburg gibt's bei uns nicht«, räumt er ein. Dafür ist die Nähe zum Flughafen praktisch. Und dann eben die Wahner Heide, die sich als grünes Kontrastprogramm um den Airport herumlegt.

»Ich hab das hier durch den Fußball wiederentdeckt.« Er hat lange in der Landes- und in der Bezirksliga gespielt. »Und da sind wir in Vorbereitung für die Saison immer viel gelaufen, meist hier in der Wahner Heide.« Inzwischen tritt er beim Fußball etwas kürzer, weil seine Knie nicht mehr ganz mitspielen, aber dafür hat er das Mountainbike-Fahren entdeckt. Auch dafür ist die Wahner Heide bestens geeignet. Und dann lernt er hier die Texte für seine Bühnenprogramme. »Durch die Bewegung kann man sich das besser einprägen. Ich hab dann allerdings immer einen Zettel dabei, damit die Leute sehen, der redet nicht mit sich selber.«

Mittlerweile hat sich der Wald aufgetan, und wir befinden uns in einer ganz anderen Landschaft: einer Heide, die jetzt im September in voller Blüte steht. »Schon komisch«, meint Guido Cantz. »Man fährt nach Österreich und in die Lüneburger Heide, sagt dann ›das ist aber toll‹, dabei hat man's hier direkt vor der Haustür.«

Ausflüge

62

BAHNHOF RHÖNDORF / BAD HONNEF

Konrad Adenauer bekommt Besuch

ADENAUER-HAUS
KONRAD-ADENAUER-STRASSE 8A
53604 BAD HONNEF

DI–SO 11–17 UHR, EINTRITT FREI
WWW.ADENAUERHAUS.DE

Er heißt genauso wie sein Großvater: Konrad Adenauer. Mehr als 50 Jahre ist es jetzt schon her, seit der Alte starb und nach der Totenmesse im Kölner Dom per Schiff zu seiner letzten Ruhestätte in Rhöndorf bei Bonn gebracht wurde. Heute ist der erste Kanzler der Bundesrepublik ein entrückter Geschichtsriese. Für seinen Enkel dagegen, Jahrgang 1945, ist er immer noch präsent. Was geht ihm durch den Kopf, wenn er den steilen Weg zum einstigen Wohnhaus in Bad Honnef hinaufgeht? »Ich denke an die vielen Male, die wir früher hierhergekommen sind«, sagt er. »Und dann bin ich hier ja auch groß geworden, ich habe hier die ersten dreieinhalb Jahre meines

Lebens verbracht, stand hier im Babystall.«

Das Verhältnis zum Enkel war von einer Förmlichkeit, wie man sie sich heute nicht mehr vorstellen kann. »Er war kein Opa, der auf den Knien rutschte und Eisenbahn spielte oder auf dem man huckepack reiten konnte«, erinnert sich Konrad junior. »Wenn er hier die Treppe herunterkam, dann war das schon ein majestätisches Schreiten. Immer in Anzug und Weste. Man hatte Respekt und sagte ›Guten Tag, Großvater‹. Er wollte ›Großvater‹ heißen, nicht ›Opa‹. Wir mussten uns ruhig verhalten, das Gespräch führten die Erwachsenen.«

Betreten des Wohnzimmers: Teppich, Sofaecke und ein alter holländischer Meister an der Wand. Konrad Adenauer junior verbindet den Raum vor allem mit der Bescherung an Heiligabend. Er wartete mit den anderen Kindern vor der geschlossenen Tür. »Dann kam das Glöckchen, die Tür wurde aufgemacht, und wir durften rein.« Auf dem Boden war eine riesige Krippenlandschaft mit 100 Figuren, darunter Elefanten und Kamele, aufgebaut, ausgepolstert mit frischem Moos aus dem Siebengebirge. Die Kinder lispelten Gedichte oder spielten Flöte.

Der Holzboden knarrt, wenn man darüberläuft. Im Gartenzimmer hängt ein Gemälde, das Adenauer als Geschenk von Wins-

ton Churchill bekam, von diesem selbst gemalt. Es zeigt eine antike Ruine.
Im ersten Stock hängt im spartanischen Badezimmer Adenauers Morgenmantel. Wir gehen an der Badewanne mit einfacher Handdusche vorbei, in die er sich bis zuletzt selbst hievte – Pflegekräfte gab's nicht. Dann stehen wir vor dem Sterbebett. Der Enkel kann sich noch gut an die letzten Tage im April 1967 erinnern, als der 91-Jährige beatmet wurde, Ärzte und Schwestern durch das Zimmer wuselten und Reporter vor dem Haus lauerten. Der Sterbende begehrte zu wissen, ob der Aprikosenbaum schon blühe.
Nicht am Haus, sondern am Garten hing sein Herz. Hier, im »Vorhof des Paradieses«, fand er den dringend benötigten Ausgleich. Fast mediterran mutet der Terrassengarten an, einige Stauden brachte er aus seinem Urlaubsdomizil am Comer See mit.
Eine Besuchergruppe kommt vorbei. »Ach, guten Tag, Herr Adenauer«, wird der Enkel gegrüßt. Für einen Moment könnte man denken, der Hausherr wäre zurückgekehrt.

63

Der Gipfel der Romantik

DRACHENFELS
DRACHENFELSSTRASSE 53
53639 KÖNIGSWINTER

VOM BAHNHOF KÖNIGSWINTER AUS IST DIE TALSTATION DER DRACHENFELSBAHN ZU FUSS ERREICHBAR.
EINTRITTSPREISE: DRACHENFELSBAHN: 10 EURO FÜR ERWACHSENE, 6 EURO FÜR KINDER VON 4 BIS 13 JAHREN. SCHLOSS DRACHENBURG: 7 EURO FÜR ERWACHSENE, 5 EURO FÜR KINDER
WWW.DER-DRACHENFELS.DE

In meiner Jugend dachte man beim Drachenfels an »WC 50 Pfennig« und »Draußen nur Kännchen«. Das bevorzugte Ausflugsziel von Stammtischen und Kegelklubs aus meiner Heimat, dem Ruhrgebiet, war ein Synonym für Spießigkeit. Ich selbst hatte nur von unten mit Grausen auf das Ungetüm auf der Spitze geblickt: das monströse Beton-Restaurant, das sich seit den 1970er Jahren um den Felsen wand. Sagen und Legenden rankten sich um diesen Ort. Eine davon war, dass er jedes Jahr von drei Millionen Menschen besucht würde. Bis irgendwann mal jemand vom örtlichen Tourismusverband nachgezählt hat: Es sind so um die 400 000. Ins Reich

der Fabel gehört auch, dass der Drachenfels der »Hausberg von Holland« sei. In Wahrheit sind 90 Prozent der Besucher Deutsche, und von den vergleichsweise wenigen Ausländern kommen die meisten aus Belgien.

Nun sind 400 000 Besucher immer noch viel für einen Berg, der gerade mal 321 Meter hoch ist. Aber das ist vielleicht Teil seines Erfolgsgeheimnisses: Den Drachenfels schafft jeder. Zur Not nimmt man die Zahnradbahn.

Der Drachenfels war einst der Gipfel der Romantik. Um das nachzuempfinden, muss man sich die Aquarelle des englischen Landschaftsmalers William Turner anschauen. In zarten Farben erhebt sich der Fels dort als mythischer Ort über dem Strom. Seit Lord Byron den *castled crag of Drachenfels* besungen hatte, war er eines der meistbesuchten Ausflugsziele Europas.

»Echt« sind nur der Fels selbst und die Burgruine. Schloss Drachenburg dagegen, etwas unterhalb der Ruine gelegen, das »Neuschwanstein vom Rhein«, stammt aus dem 19. Jahrhundert. Es ist ein wilder Stilmix, eine Millionärsfantasie: außen neugotisch, innen barock. Im Ergebnis aber überzeugend. Dennoch wurde der Abriss in den 1960er Jahren nur durch energische Proteste von Privatleuten und Denkmalschützern verhindert. Eine Restaurierung für 30 Millionen Euro hat die alte Kulissenpracht vor einigen Jahren wieder zum Vorschein gezaubert.

Man kann den Drachenfels als die Mutter aller Freizeitparks betrachten. Wer den Aufstieg auf den bestens ausgebauten und beschilderten Wanderwegen wagt, stößt immer wieder auf Attraktionen aus Großmutters Zeiten. Da ist das altertümliche Puppen-Diorama, das mit knarzender Stimme die Geschichte von den Heinzelmännchen von Köln erzählt. Da ist eine Felsengrotte mit Weiher und moosbewachsenem Drachen, 13 Meter lang, und da ist die 1913 zum 100. Geburtstag von Richard Wagner errichtete Nibelungenhalle. Der Überlieferung zufolge markiert sie den Punkt, an dem Siegfried den Drachen zur Strecke brachte. Passend dazu findet sich hier ein Reptilienzoo.

Dann das Gipfelerlebnis. Sehr wetterwendisch. Manchmal schaut man bis zum Kölner Dom, dann wieder liegt selbst der Rhein unter Nebel verborgen. Das Ungetüm vom Drachenfels ist verschwunden, statt des Beton-Restaurants erhebt sich nun ein eleganter Glaskubus in den Himmel. Den Charme der 1970er Jahre hat der Drachenfels abgestreift. Lord Byron kann wiederkommen.

64

WUPPERTAL HBF

Science-Fiction aus der Kaiserzeit

DIE WUPPERTALER SCHWEBEBAHN
WWW.SCHWEBEBAHN.DE

Ein Wuppertaler kann die Schwebebahn erfühlen. Er weiß, wenn der nächste Zug kommt – noch bevor man etwas sehen oder hören kann. Er spürt das leichte Vibrieren. Deshalb kann es sein, dass man sich mit einem Wuppertaler unterhält und dieser im Gespräch plötzlich nach oben schaut. Erst einige Augenblicke später merkt man, warum: Die Himmelstram kommt! Sie surrt und rauscht über die Köpfe hinweg, teilweise dicht über die alten Schieferdächer und haarscharf an den Häuserecken vorbei. Für Besucher ist es ein unwirklicher Anblick: wie eine mitten in die Stadt gebaute Achterbahn.

Viele Wuppertaler würden sich selbst nie als solche bezeichnen –

sie sagen von sich zum Beispiel: »Ich bin Elberfelder!« Wuppertal ist ein Zusammenschluss der früher selbstständigen Orte Elberfeld, Barmen, Ronsdorf, Cronenberg und Vohwinkel und wird erst seit 1930 so genannt. Die 1901 eröffnete Schwebebahn verband die unterschiedlichen Städte. Manche sagen: Ohne die Schwebebahn gäbe es Wuppertal nicht.

Wie ein gigantischer Tausendfüßler windet sich die Stahlkonstruktion mit ihren 464 Beinen mehr als 13 Kilometer durch die Stadt. Errichtet wurde sie, weil der felsige Untergrund keine U-Bahn zuließ und in den engen Straßen der dicht bebauten, hügeligen Stadt auch keine Straßenbahn Platz hatte. So baute man eine Bahn durch die Wolken. Damals, zur Kaiserzeit, muss sie wie aus einem Science-Fiction-Roman von H.G. Wells gewirkt haben. Die »Kaiserwagen« hatten noch lange ein Erste-Klasse-Abteil mit gepolsterten Sitzen.

Die Schwebebahn ist ein sicheres Verkehrsmittel, Unfälle sind sehr selten. Im November 2018 jedoch stürzte eine Stromschiene auf mehreren Hundert Metern Länge vom Trägergerüst ab. Zwar wurde niemand verletzt, doch der Betrieb wurde erst einmal eingestellt. Die Stadtwerke bauten mehrere Sicherungen ein. Als Ersatz fuhren Busse, doch die waren lange nicht so schnell.

Oder hat man schon einmal davon gehört, dass Busse rote Ampeln und Staus einfach so überfliegen können?
Die Wuppertaler atmeten jedenfalls auf, als der Betrieb neun Monate später wieder aufgenommen wurde. Denn was wäre Wuppertal ohne Schwebebahn? Nicht die Stadt, die sie kennen und lieben.

65

HALTESTELLE BENDAHLER STRASSE MIT BUSLINIE 628 VOM HAUPTBAHNHOF WUPPERTAL

Der Zauberwald

SKULPTURENPARK WALDFRIEDEN
HIRSCHSTRASSE 112
42285 WUPPERTAL

DI-SO 11-18 UHR; IM WINTER S.
WWW.SKULPTURENPARK-WALDFRIEDEN.DE
TAGESKARTE 12 EURO, ERMÄSSIGT 9 EURO

In scharfen Kurven windet sich die steile Straße über dem Tal der Wupper nach oben. Es ist ein Serpentinenweg wie im Gebirge. Immer größer und dichter werden die Bäume. Dazwischen leuchten, locken und verstecken sich ganz unwahrscheinliche Formen. Ein Reh huscht vorbei. Wenn dann noch Lebkuchenduft in der Luft liegt, ist der Eindruck des verzauberten Waldes vollkommen. Der Duft kommt von den Blättern des chinesischen Lebkuchenbaums, der hier ebenso wächst wie Mammutbaum, Ginkgo und 50 andere Baumarten. Sie wurden vor langer Zeit hier gepflanzt. Und dann kommt die Villa Waldfrieden ins Bild, ehemals Wohnsitz des Lackfabri-

kanten Kurt Herberts. Der war ein mutiger Mann, der während der Nazizeit verfemte Künstler wie Willi Baumeister und Oskar Schlemmer bei sich beschäftigte und dadurch schützte. Sein Haus ist eine geschwungene anthroposophische Kreation ohne Ecken und Kanten, mit großen Fenstern und fließenden Formen, in die Hanglandschaft übergehend. Auf dem ehemaligen Swimmingpool erhebt sich jetzt ein Ausstellungspavillon. Wir sind im Skulpturenpark von Tony Cragg. Ein Engländer mit der Wahlheimat Wuppertal – das klingt erst mal überraschend. Noch dazu, wenn es einer der bekanntesten Bildhauer ist: Im *Kunstkompass*-Ranking der einflussreichsten Künstler der Welt zählt er schon seit vielen Jahren zu den Top Ten. Er ist Documenta-Teilnehmer, Turner-Preisträger und ehemaliger Direktor der Kunstakademie Düsseldorf. Seit 1977 lebt er in Wuppertal.

Den Skulpturenpark gibt es seit 2008. Zwei Jahre zuvor hatte Tony Cragg das verwunschene Anwesen entdeckt. Der einstige Park war verwildert und zugewachsen, die Villa verfallen, die Wege waren nicht mehr zu erkennen. Der Künstler war hingerissen. Er erwarb das Gelände und begann auf eigene Kosten ein Umgestaltungs- und Sanierungsprogramm, das bis heute nicht abgeschlossen ist. Der Park – der weiterhin mehr wie

ein Wald anmutet – befindet sich seitdem in der Trägerschaft einer gemeinnützigen Stiftung der Familie Cragg.
Dass es ihn gerade hier hinauszog, ist kein Zufall. Die Natur ist Tony Craggs großes Vorbild. Als kleiner Junge war der gebürtige Liverpooler fasziniert von Fossilien, die er mit seinem jüngeren Bruder aus dem Kies ausgrub. Heute erinnern seine Skulpturen oft an Knollen, Schneckenhäuser oder Amöben, die nach vielen hunderttausend Jahren plötzlich wieder freigelegt sind. Viele wirken merkwürdig verdreht und wie von einem gigantischen Luftzug verzerrt. Gefrorenes Wasser, erkaltete Lava. Manch einer mag darin Gesichter erkennen, doch das ist dann eher der eigenen Fantasie zuzuschreiben – im Grunde ähneln die Arbeiten keiner bekannten Struktur.
Genau das ist die Absicht: Cragg geht es darum, neue Formen zu schaffen, denn die alltägliche Umwelt ist für ihn eine Wiederholung des immer Gleichen. Eine reduzierte Formenwelt, gerade, flach, rechtwinklig oder kreisförmig. »Wohingegen die Natur voller komplizierter Formen ist.« In seinem Park will er Natur und Kunst miteinander verschränken, wobei er die Kunst nicht als Gegenpol zur Natur, sondern als *second nature* versteht. Die Skulpturen stehen in einer ständigen Wechselwirkung mit Bäumen, Wegen, Anhöhen und einfallendem Licht. Je nach Tages- und Jahreszeit sieht es immer wieder anders aus.
Anderthalb Stunden kann man hier ohne weiteres durch das Gelände wandern. Es ist kein Tony-Cragg-Museum, nur die Hälfte der gut 40 Skulpturen sind von ihm selbst, die anderen stammen von Künstlern wie Markus Lüpertz, Thomas Schütte, Henry Moore. All das hat es vor 20 Jahren noch nicht gegeben. Es ist Tony Craggs Geschenk für seine Wahlheimat Wuppertal. Und den Rest der Welt.

66

ELSPE

Blutsbrüder des Sauerlands

ELSPE FESTIVAL
ZUR NATURBÜHNE 1
57368 LENNESTADT
WWW.ELSPE.DE

Vulkanausbruch im Sauerland! Am Ende einer jeden Vorstellung bei den Karl-May-Festspielen in Elspe knallt es gewaltig. Rote Lavaströme wälzen sich den Abhang hinunter, ein Bergwerk fliegt in die Luft, Öltürme geraten in Brand oder ein tosender Wasserfall beginnt zu strömen. Sommer für Sommer pilgern dafür mehr als 200 000 Menschen ins Sauerland. Sie kommen für das Live-Erlebnis. Denn auf der Freilichtbühne ist alles echt: Man riecht den Pulverdampf und spürt die Hitze der Explosionen, bekommt den Dreck der vorbeipreschenden Pferde ins Gesicht und schaut, zumindest in den ersten Reihen, direkt in die silberseeblauen Augen von

Winnetou-Darsteller Jean-Marc Birkholz. Bei entsprechender Witterung wird man Zeuge, wie ebenjener Winnetou in zwei Stunden komplett eingeweicht wird.

Die Zuschauer sitzen hingegen schön trocken unter einem Dach, das von dem des Münchner Olympiastadions inspiriert ist. Viele Eltern, die jetzt mit ihren Kindern kommen, kennen Elspe noch aus den 70er und 80er Jahren, als kein Geringerer als Pierre Brice der Bühne zu bundesweiter Bekanntheit verhalf. Im cremefarbenen Fransen-Anzug ritt der Kinoheld ihrer Kindheit den Hügel hinunter, während die Winnetou-Melodie von Martin Böttcher erklang. Noch heute haben die Elspe-Veteranen den französischen Akzent des großen Bretonen im Ohr: »Ich 'abe gesprochen.«

Pierre Brice ist inzwischen in die Ewigen Jagdgründe eingegangen, der Name Karl-May-Festspiele wurde in Elspe Festival umgewandelt, doch auf der Bühne selbst hat sich in 40 Jahren praktisch nichts verändert.

Amerikanisten haben in letzter Zeit Reformen gefordert – die Aufführungen förderten ein klischeehaftes Bild von »den« Indianern, die es so als Einheit gar nicht gegeben habe. Die Vielfalt indigener Kulturen auf dem Gebiet der heutigen USA finde keine Berücksichtigung. Die Karl-May-Freunde halten dagegen, dass die Aufführungen in Elspe und im norddeutschen Bad Segeberg gar nicht den Anspruch hätten, die Realität im Nordamerika des 19. Jahrhunderts abzubilden. Es gehe ihnen vielmehr darum, die Fantasywelt des sächsischen Schriftstellers Karl May lebendig werden zu lassen. Bekanntlich schrieb der Schriftsteller aus dem Wilhelminischen Kaiserreich seine Romane, ohne je in den USA gewesen zu sein – erst im fortgeschrittenen Alter schaffte er es erstmals dorthin.

Elspe gibt seinem Stammpublikum einen Winnetou ohne Brüche. Edel sei der Apache, hilfreich und gut.

67

BAHNHOF LIÈGE-GUILLEMINS

Abtauchen in eine Traumwelt

Mit das Beste an Köln ist, dass man von hier aus tageweise in einem anderen Sprach- und Kulturraum abtauchen kann. Lüttich lohnt schon für einen Nachmittag, es ist nur eine gute Autostunde entfernt. Deutsch versteht hier keiner mehr. Die Häuser sehen aus wie in Frankreich, wobei die schönsten Gebäude Zeugnisse der belgischen Art nouveau sind, gehüllt in zart verschlungene Jugendstilranken. Etwas faszinierend Fremdartiges geht von dieser Stadt aus. Wie aus einer fernen Erinnerung wirken die altmodischen Hochhäuser, die sich entlang der Maas und am Quai Orban am Kanal Dérivation erheben. Ihre monochromen Fassaden kontrastieren

LÜTTICH

MERCI

mit den verspielten Giebeln und Erkern des verkeilten Gassenlabyrinths der Altstadt.

Der surreale Charakter der Stadt setzt sich in ihren Attraktionen fort. Das einstige Wahrzeichen von Lüttich ist nicht mehr da. Es war der gotische Dom. Nach der Französischen Revolution wurde jedoch insbesondere der französischsprachige Teil Belgiens zu einer Hochburg des Liberalismus, und in dieser Phase des Umbruchs empfanden Lütticher Bürger die Kathedrale als Zwingburg des Glaubens und rissen sie ab. An ihrer Stelle klafft nun mitten im Zentrum eine riesige Lücke. Eiserne Säulen markieren den früheren Standort des Doms – eine unsichtbare Sehenswürdigkeit.

Die wichtigste verbliebene Attraktion ist eine Treppe, die Montagne de Bueren. Aber es ist kein schön geschwungener Aufgang wie die Spanische Treppe in Rom. Keine Himmelsleiter. Nein, es sind schwarze, schmucklose Stufen, die so weit und so steil nach oben führen, dass man das Ende nicht sehen kann. Eine Treppe ins Nichts?

Die Montagne de Bueren hat irgendwann ein Ende, das sei jedem versichert, der versucht ist, auf halber Strecke aufzugeben. Aber zu einer schönen Kirche oder einem Schloss führt sie nicht. Was den außer Atem gekommenen Besucher oben erwartet, ist eine Aussicht. Ein immerhin grandioser Blick ins Maastal.

Lüttich, die erste industrialisierte Stadt auf dem europäischen Kontinent, war Ende des vergangenen Jahrhunderts ziemlich heruntergekommen. Doch nun erlebt sie eine Renaissance. Die alten Brunnen im Zentrum sprudeln wieder. Das Wasser aus Löwenmäulern und Engelsmündern bietet im Sommer wunderbare Erfrischung. Viele historische Gebäude sind restauriert. Dazu kommen spektakuläre Neubauten wie der ICE-Bahnhof Liège-Guillemins, eine einzige raumgreifende Konstruktion des Architekten Santiago Calatrava.

In Köln gibt es die Volksfiguren Tünnes und Schäl, die vor allem durch die Puppenspiele des Hänneschen-Theaters lebendig gehalten werden. Ihr Gegenstück in Lüttich ist die Schelmenfigur Tchantchès, ursprünglich eine Marionette. Schnapsnasig und anarchistisch, begegnet man ihr auf Schritt und Tritt. Der »älteste Bürger Lüttichs« hat sogar sein eigenes Museum und seine eigene Kneipe mit dem Namen »Tchantchès et Nanesse«. In dem Traditionslokal im Viertel Outremeuse wurde 1927 die »Freie Republik Outremeuse« ausgerufen.

Das Ereignis wird noch heute immer um den 15. August herum mit einem mehrtägigen Volksfest gefeiert.
In Outremeuse ist Lüttichs größter Sohn aufgewachsen, der Schriftsteller Georges Simenon (1903-1989). Der Erfinder von Kommissar Maigret erreichte nach einer Verlagsschätzung von 2003 eine unvorstellbare Gesamtauflage von 1,4 Milliarden. Noch als alter Mann, der in der Schweiz ein ganzes Schloss bewohnte, erinnerte er sich mit etwas Wehmut an den Klang der kleinen Trompete, die der Gemüsehändler blies, wenn er durch die Straßen zog.
Lüttich. Man fährt hin für einen Nachmittag und wieder zurück. Und am nächsten Tag fragt man sich, ob alles nur ein Traum gewesen ist.

68

STATION MAASTRICHT

Die Weihnachtsstadt

Maastricht ist der perfekte Ausgleich zu Köln: geschlossener Altbaubestand, Tausende denkmalgeschützter Häuser, Kopfsteinpflaster, alles schick und geschmackvoll. Ein Tag in der südniederländischen Stadt ist wie Kurzurlaub – zu jeder Jahreszeit. Anfang März markiert der Besuch der TEFAF – der weltweit bedeutendsten Messe für alte Kunst – traditionell den Frühlingsbeginn. Im Sommer entspannt man bei einem kühlen Getränk am Ufer der Maas. Wenn die Herbstsonne die Fassaden in ein goldenes Licht taucht, wird auf den Altstadtplätzen noch einmal nachgeglüht. Seinen größten Zauber aber entfaltet Maastricht in der Vorweihnachtszeit.

MAASTRICHT

Man muss es sich vorstellen wie einen riesigen Adventskalender. Jedes der wunderschönen alten Häuser des Zentrums leuchtet warm aus großen Fenstern. Man öffnet die Tür und schaut nach, was sich dahinter verbirgt. Mal ist es eine Chocolaterie, mal ein Laden für Designerkleidung, mal ein Deko-Geschäft voller Geschenkideen.

Aber auch hinter den Türen der vielen Kirchen kann man Überraschungen erleben: Mein absoluter Lieblingsort ist die Dominikanerkirche aus dem 13. Jahrhundert, die sich in einen Büchertempel verwandelt hat. Man läuft über Grabplatten zur Kasse, und direkt über den Sonderangeboten prangt die älteste bekannte Wandmalerei mit einem Bildnis des mittelalterlichen Kirchenlehrers Thomas von Aquin. Das Herz der Kirche ist nach wie vor der Altarraum, der sich nun in ein Café verwandelt hat, mit einem Lesetisch in Form eines Kreuzes. Hier mit einem Packen Büchern unter dem Kreuzrippengewölbe zu sitzen, während nebenan die Espressomaschine faucht, das ist unübertrefflich behaglich.

Die verwunschenen kleinen Plätze der Altstadt wirken im Advent wie Theaterbühnen. Auf dem Onze Lieve Vrouwenplein etwa hängen riesige Leuchtkugeln in den Bäumen, ein geradezu traumhaftes Szenenbild. Es funkelt, es glitzert und es duftet:

nach Spekulatius und belgischen Waffeln, nach frisch geröstetem Kaffee und warmem Apfelkuchen mit Zimt und Vanilleeis. *Ronduit gezellig*, urgemütlich.

Ein besonderer Reiz ergibt sich daraus, dass nicht alles so abläuft wie in Deutschland. Der Weihnachtsmarkt hat mit Riesenrad und Rodelrutsche auch ein wenig Kirmescharakter. Mistelzweige, Kaminsims-Girlanden und Carol Singers künden von der mentalen Nähe zu den britischen Inseln. Vor allem aber rechne man mit Sinterklaas – dem niederländischen Nikolaus. Sein Fest, der *pakjesavond* (Geschenkeabend) am 5. Dezember, ist traditionell noch wichtiger als Heiligabend. Deshalb ist der November dekorationsmäßig ganz auf den Heiligen Mann mit seinem magischen Pferd Amerigo und seiner Helferschar, den Pieten, abgestellt.

Abends lohnt ein Besuch in einem der vielen guten Restaurants, für die Maastricht in den gesamten Niederlanden bekannt ist. Savoir-vivre an der Maas. Bei einem schweren Rotwein haben wir schon manches Mal fantasiert, wie es wäre, ganz in diese Genießer-Stadt umzusiedeln. Wir sind dann aber doch immer wieder zurückgefahren. Wir werden es einfach nicht los, dieses schmuddelige und chaotische, dieses wunderbare Köln.

REGISTER